Hans Hansmann
Mißratene Eltern

AF150561

# Mißratene Eltern

## Plädoyer für eine freundliche Erziehung

Ein Essay von

Hans Hansmann

**Bibliografische Information der Deutschen Nationalbibliothek**
Die Deutsche Nationalbibliothek verzeichnet diese Publikation in der
Deutschen Nationalbibliografie; detaillierte bibliografische Daten sind
im Internet über http://dnb.d-nb.de abrufbar.

Umschlaggestaltung: Roland Poferl Print-Design, Köln
Layout: Verlagsservice Monika Rohde, Leipzig
Verlag: BoD · Books on Demand GmbH, Überseering 33,
22297 Hamburg, bod@bod.de
Druck: Libri Plureos GmbH, Friedensallee 273, 22763 Hamburg
ISBN: 978-3-7386-0848-9

„Wehe dem, der ein Kind kränkt!" –
*Fjodor M. Dostojewski*

# Vorbemerkung

Dies ist kein Erziehungsratgeber. Dieses Buch ist ein Plädoyer. Es ist aber auch eine Klageschrift und eine Anklage, es soll ein Pamphlet sein, eine Streitschrift und ein Aufruf. Es geht um das Recht der Schwächeren; es geht um Eltern, die ihre Kinder mobben und diskriminieren, anpöbeln und terrorisieren, es geht um Vorbild, Liebe und Beispiel, um Willkür, Herzlosigkeit und Mißachtung, um Ehre und Anstand, Gerechtigkeit und Einmischung.

Es gibt keinen Grund, ein Kind schlechter als einen Erwachsenen zu behandeln. Im Gegenteil! – In Fragen des Umgangs sollte es zwischen Kind und Erwachsenem mindestens keinen Unterschied geben. Warum auch? Hat man erst ab einer gewissen Anzahl von Lebensjahren Anspruch auf Höflichkeit und Respekt? Dürfen Menschen angeschrien und drangsaliert werden, bloß weil sie unter 14 sind? Erwachsene sollten, wenn überhaupt, nur dann unterschiedliche Maßstäbe anlegen, wenn dies zu Gunsten der Kinder geschieht, niemals umgekehrt.

Zuerst richtet sich diese Schrift an Eltern, an junge Eltern, aber auch an Menschen, die sich mit dem Gedanken tragen, Eltern zu werden oder gerade kurz davor stehen. Des Weiteren möchte ich die Anverwandten von Kindern ansprechen, ebenso wie alle Menschen, die beruflich mit Kindern (und Eltern!) Umgang haben, also Lehrer, Kindergärtner, Betreuer, Erzieher. Im Grunde aber ist die Lektüre dieses Essays für alle von Belang, denn: Nicht alle Menschen haben Kinder, aber alle Menschen haben Eltern. Und: Fast jeder kennt Eltern, fast jeder begegnet immer wieder Eltern in seinem alltäglichen Umkreis.

Diese Schrift möchte werben für das Recht der Kinder auf eine vorzügliche, vor allem aber menschliche und herzliche Behandlung. Denn wenn es überhaupt ein Recht auf irgendwas gibt, dann eben dieses. Viele Eltern sehen das allerdings keineswegs so. Um diese Eltern geht es in diesem Büchlein. Es gibt bestimmt und sicher eine (hoffentlich) ungemein große Anzahl guter Eltern. Um die geht es hier nicht.

Ich habe beim Durchsehen des Manuskripts einige Redundanzen gestrichen, andere aber ganz bewußt im Text belassen. Denn ich glaube, daß Thema und Charakter der Schrift hier und da gewisse Redundanzen zulassen, ja sogar erforderlich machen. Appelle, die nicht wiederholt werden, verrauschen oft wirkungslos im Gestöber der allgemeinen Beschäftigungen. Gedanken, die nicht eingetrichtert werden, geraten kaum über die Aufmerksamkeit eines Augenblicks hinaus. Daher erlaube ich mir in diesem Traktat durchaus mehrfache Beleuchtungen gleicher Gegenstände aus ähnlichen Perspektiven. Es soll dies nicht zu Langeweile führen, sondern zur Verstärkung des Grundtons.

# Mißratene Eltern

Ein weinendes Kind auf der Straße. Ich höre es, obwohl das Fenster geschlossen ist. Am Tage, wenn ich am Schreibtisch sitze, stört mich das Rauschen und Rumpeln der Autos und Straßenbahnen. Aber das Weinen eines Kindes übertönt die Geräusche des Verkehrs. Das Weinen eines Kindes durchdringt die geschlossenen Fenster, es quält sich in meine Wohnung. Die akustische Sendung dieser kindlichen Not ist bei der Ankunft in meinem Zimmer leise geworden; leise, aber unmißverständlich. Das Weinen drückt sich durch jede Ritze, es greift in den Raum, verschafft sich Gehör. Der Vater des Kindes ist *taub*. Das erkenne ich, nachdem ich von meinem Platz aufgestanden bin und durch das Fenster nach unten auf die Straße schaue. Ich *sehe*, daß der Vater des weinenden Kindes taub ist. Regungslos steht er da. Das Kind, es mag vielleicht 4 Jahre alt sein, dicht vor ihm, hinaufblickend zu diesem Mann, der taub ist und stumm. Und vielleicht ist er auch blind. Jedenfalls trägt er eine schwarze Sonnenbrille und hält seinen Kopf starr und aufrecht. Er würdigt das Kind zu seinen Füßen keines Blickes. Der Mann und das Kind stehen an der Straßenbahnhaltestelle – kühl ist es; niemand sonst vor Ort. Der Mann ist ganz in Schwarz gekleidet, er trägt diese Sonnenbrille und hat eine schwarze Pudelmütze auf dem Kopf. Wie ein Stein steht er da. Wie ein scharfkantiger Fels im Meer der Tränen, auf dem sich selbst eine müde gewordene Taube nicht niederlassen würde. Das Kind, wohl ein Mädchen, weil ein Puppenwagen dabei steht, reckt sich von unten dieser abweisenden Fassade entgegen, streckt die Arme empor und ruft unter Tränen wieder und immer wieder: „Papa! Papa! – Papa!"

Taub, stumm und blind. Das kleine Mädchen wird ihn nicht erreichen, diesen Mann, der es doch einst mit ins Leben warf, gemeinsam mit einer Frau, die er zur Mutter machte, gewollt oder nicht, aber sehenden Auges. Sehend damals noch, jetzt aber in allen Sinnen getrübt, versteinert, unantastbar, abgeschaltet, seinem Kinde gegenüber eine Wand, abweisend wie eine Grenze.

Die Drangsal des Kindes will kein Ende nehmen. So unaufhörlich wie vergeblich ruft es seinen Vater an, Beachtung erhoffend, Annahme und Zuwendung erflehend. Ich öffne das Fenster, es ist, als würde dort unten ein Unfall in Zeitlupe passieren, ein menschlicher Unfall, der Eindrücke hinterlassen wird, Schrammen mindestens, vielleicht Verformungen. Trotz der vorüberziehenden Autos und Lastwagen, die durch Abbremsen oder kurzen Halt im hin und wieder stockenden Verkehrsstrom die beiden Menschen zeitweise vor meinem Blick abschirmen, macht die Akustik der kindlichen Klage aus dem ganzen Platz da draußen eine Bühne des Leidens. Und wie der Zuschauer einer aufwühlenden Theaterszene starre ich gebannt hinunter auf das Haltestellenhäuschen, unter dessen Glasdach sich dieses Drama des Alltags vollzieht. Doch nichts ist da gespielt, es ist echt und keine Aufführung, es ist ein hochwinziges Fragment der Wirklichkeit, dessen Bruchkante zufällig vor meinem Fenster verläuft.

Eine Streitigkeit zwischen dem Vater und seiner kleinen Tochter muß diesem Geschehen dort unten vorangegangen sein. Eine Widerrede des Kindes mag den Mann verärgert haben, oder ein nicht befolgter Befehl, möglicherweise auch nur eine Nachlässigkeit, ein kleiner Fehler. Irgendetwas hat dieses Kind angerichtet, irgendetwas hat dieses kleine vierjährige Mädchen seinem Vater im Zuge eines kurz zuvor entflammten Konflikts angetan, etwas, das so schlimm gewesen sein muß, daß darauf nur eine der ungnädigsten Strafen folgen kann: Nichtbeachtung, völlig und allumfassend; Entzug jedweder Aufmerksamkeit, Abweisung durch demonstrative Ignoranz.

Aber das Mädchen gibt nicht auf, muß noch von einem Restchen Hoffnung getrieben sein, den Vater vielleicht doch noch zu erweichen, zu erreichen, zu bewegen, zu einer Geste nur, zu einem Wort vielleicht, gar zur Versöhnung. – Immer und immer wieder ruft es „Papa!" hinauf zu der großen dunklen Gestalt, „Papa!", den Kopf dabei in den Nacken gelegt, damit der Schall gut hinauffinden kann zu den Ohren des erstarrten Riesen. Das „Papa" wird zwischendurch schwächer, hoffnungsloser, erstirbt ganz, schwillt dann aber stets nach kurzer Pause, die vielleicht eingelegt wird, um dem so flehentlich Adressierten den Raum zu einer Reaktion zu eröffnen, wieder an und klingt nur noch bittender und verzweifelter. Tonfall und Gebärden des Kindes sagen: Sei wieder gut mit mir, laß uns aufhören damit, nimm mich an, *sieh* mich wenigstens einmal an – und: ach, so glaub mir doch, daß es mir ganz leid tut. Ich nehme die Schuld, alle Schuld doch auf mich, wenn Du nur wieder gut mit mir bist.

Doch der Vater bleibt eisern. Nicht eine Regung, nicht der Ansatz einer wie auch immer ausfallenden Erwiderung. Ich beobachte ihn genau. Er starrt ins Leere, nicht mal ein kurzer Blick hinab zu seinem Kind ist ihm möglich. Er nimmt in Kauf, daß sich sein Kind gerade völlig *allein* fühlt, verloren, abgestoßen und verstoßen von dem Menschen, von dem es eigentlich Schutz und Hinwendung erwarten sollte, erwarten muß.

Das Verhalten dieses Mannes ist herzlos, das zuallererst. Herzlosigkeit ist ohne Zweifel ein Superlativ des menschlichen Seins. Aber genau so erscheint das da unten. Herzlos und kalt; brutal. Auch wenn die folgenden Begriffe harmloser oder schwächer wirken mögen als *Herzlosigkeit* (dabei sind sie es eigentlich gar nicht), möchte ich sie zur Illustration der beobachteten Szene doch noch verwenden: Was sich da unten vor meinen Augen abspielt, das ist herzlos, ja, aber es ist zudem noch *ungerecht*.

Aus einem solchen Verhalten könnte ein Erwachsener seine Schlüsse ziehen, ein Kind kann das nicht. Es ist der Wirkung dieses – und überhaupt jedweden – Verhaltens ganz und gar ausgesetzt. Es hat keine Filter, auch keine Werkzeuge zur Analyse des im Moment Erlebten, es kann nichts einordnen, sich nichts erklären.

Die Abweisung des Vaters ist für das Kind im Grunde ohne Kontext, möglicherweise und im schlimmsten Fall kontextuiert ein selbstbezogenes und zugleich unkonkretes, nebulöses Schuldempfinden den väterlichen Auftritt; aber solcherlei Regungen würden die innere Not des jungen Herzens nur noch vergrößern und keinesfalls für eine wie auch immer geartete Vergewisserung sorgen. Die demonstrative Abstoßung durch den Vater ist also aus Sicht seiner kleinen Tochter weitgehend kontextfrei und kann genau dadurch einen Schrecken entfalten, dessen Ende für ein Kind nicht abzusehen ist. Ein solcher Schrecken wächst und wächst für das kindliche Gemüt unaufhörlich, weil er die Drohung ewiger Dauer enthält. Anders gesagt: *So wie es jetzt ist, so könnte es auch für immer bleiben. Ich habe den Vater verloren, er ist mir nicht mehr zugewandt, er ist stumm geworden, taub, er nimmt mich nicht mehr wahr. Und deshalb werde ich – alleine und als Kind – in dieser verstörenden, unübersichtlichen Welt untergehen.*

Theoretische Gedankenspiele, mag sein. Aber das kleine Mädchen unten an der Haltestelle weint immer noch, ruft wieder und wieder den Vater an: „*Papa, Papa! …*" Weitere Minuten sind vergangen. Der Mann muß ein Meister der Beherrschung sein. Oder tatsächlich völlig erstarrt und erkaltet so wie ein schweigsamer Planet, dem der letzte Rest Atmosphäre abhanden gekommen ist. Er rührt sich jedenfalls nicht, schaut nach wie vor nicht einmal für die Länge eines Wimpernschlages hinab zu seinem Kind, dessen Gegenwart er doch spüren muß, akustisch ohnehin, aber auch physisch; reckt es sich doch zu ihm hinauf, sich anschmiegend, sich anlehnend, ganz dicht.

Selbst wenn es einen Streit gab zwischen Vater und Tochter, der Vater ist nicht zur Versöhnung bereit, er ist unversöhnlich. Sein vierjähriges Kind muß ihn tief getroffen, ihn unglaublich erzürnt und enttäuscht haben. Ein kleines Kind hat einen ausgewachsenen Mann zerschmettert, so daß dieser nun völlig ungerührt und unberührt dastehen muß, nicht anders könnend, nicht anders wollend. Und so hält er es für besser, sein Kind

über einen langen Zeitraum hinweg abzulehnen und einer fort-
gesetzten Bestrafung durch totale Ignoranz auszusetzen, als
dessen Angebote und Hilferufe zu nutzen, um das voraus-
gegangene Zerwürfnis endlich *gemeinsam* zu befrieden.

Und ich stehe da, hoch oben am Fenster, bin Zeuge dieser
kindlichen Qual und frage mich, was ich tun könnte. Schnell
hinunterlaufen? Den Mann ansprechen? Aber gleich muß ja
auch die Bahn kommen. Und ist das überhaupt eine gute Idee?
Oder aus dem offenen Fenster herab auf die Straße rufen? Wird
der Mann das hören? Und was sollte ich rufen? *Warum kümmern Sie sich nicht um Ihr Kind? Was hat es Ihnen getan, daß
Sie es so gnadenlos abweisen?* Oder vielleicht: *Na los, nun trös-
ten Sie endlich Ihr Kind! Wie lange wollen Sie es denn noch flehen lassen?!* – Kann man das machen? Wäre das eine gute Einmischung? Ich bin mir nicht sicher. Zaudernd und zögernd
wäge ich ab, überlege hin und her (oder fehlt es gar an Mut?) –
dann fährt die Straßenbahn vor, ich sehe Vater und Tochter ein-
steigen. Das schlechte Gewissen des durch Unentschlossenheit
Gescheiterten beteiligt sich nun an dem Reigen bedrückender
Gefühle, der seit der Entdeckung des Vorfalls in mir kreist.
Nicht mal für einen Ruf der Empörung hat es gereicht. Über
Stunden bleibt mir die Stimme des kleinen Mädchens im Ohr.

Eltern, Väter, Mütter, die ihre Kinder (auch) in der Öffentlichkeit schlecht behandeln, sind leider keine Seltenheit. Immer
wieder wird man Zeuge übler Rüpeleien und scharfer Verbalattacken, mit denen Erziehungsberechtigte ihre Kinder in eine
furchtsame Form von Folgsamkeit hineinzwingen wollen. Auf
der Straße, im Supermarkt, in Parks, Restaurants und Schulen,
überall treten Eltern auf, die selbst der Bühnencharakter des
öffentlichen Raums nicht davon abhalten kann, ihre Kinder
mit oft lautstarken Beschimpfungen und Beleidigungen zu
malträtieren.

Der Fall, der sich eben unten an der Bahnhaltestelle ereig-
net hat, verfügt dagegen über eine besondere „Qualität". Hier

fiel kein Wort seitens des Vaters, es gab nicht die geringste Regung, keine Geste und keinen Blick von ihm. Der Terror war stumm und starr. Jeder der wirkungslosen *Papa!*-Rufe mußte dem kleinen Mädchen ein immer wieder aufbrennendes Fanal der eigenen Ohnmacht und Schwäche gewesen sein. Das war pure „seelische Grausamkeit". Ich weiß, das ist eine Wendung, die eher zum Vorwurfsvokabular erwachsener Beziehungskämpfer gehört, aber wäre diese nicht viel besser als treffender Titel der Schande für manche der Dramen geeignet, in die Kinder von ihren eigenen Eltern alltäglich verwickelt werden?

Um nicht falsch verstanden zu werden: Ich gehe davon aus (ich hoffe), daß die Mehrheit aller Eltern gut zu ihren Kindern ist, sie mit Respekt und anständig behandelt, eben so, wie es selbstverständlich ist und sich gehört. Aber selbst bei einer überwiegenden Mehrheit von 60 oder gar 70 Prozent bleiben eben 30 bis 40 Prozent übrig. Und selbst wenn es „nur" 20 oder 10 Prozent wären, so wäre das schon eine gewaltige Zahl an bedauernswerten Kinderschicksalen, die zu behandeln ich mir in dieser Schrift vorgenommen habe.

Der Plan, den vorliegenden Text zu verfassen, wurde nicht durch das eingangs beschriebene Erlebnis geboren. Der Schrecken aber, der mich beim Bezeugen dieser Szene packte, entzündete mit Macht den letzten Antrieb, der noch notwendig war, um den Plan in die Tat umzusetzen. Der Schrecken, die Fassungslosigkeit, aber auch das Erlebnis der eigenen Handlungsunfähigkeit an dieser Stelle ließen mir keinen anderen Ausweg mehr, als eben darüber zu schreiben. Und zwar sofort und umgehend. Auch wenn ich weder den Namen des armen Mädchens kenne, noch seinem Weg und Schicksal folgen kann, ihm – und das erzeugt die schlimmste Empfindung – überhaupt nicht helfen konnte, so richtete ich mir doch die Hoffnung ein, durch eine konstruktive Handlung dem Schmerz des Mitleidens zu entkommen, ihn zu überführen in eine Art von Dienst, und begann nach den ersten Worten zu suchen; was ich fand, waren zunächst Erinnerungen.

Denn oft, ja geradezu erschreckend oft, wurde ich im Zuge gewöhnlicher Wege, Aufenthalte und Besorgungen Zeuge elterlicher Aggressionen, die mir in den meisten Fällen wie Einschüchterungsversuche und Machtdemonstrationen vorkamen. Immer wieder war ich darüber erstaunt, mit welcher Respektlosigkeit Eltern ihren Kindern begegnen. Und das ist es auch: Eltern haben oft keinen Respekt mehr vor ihren Kindern, lassen im Umgang mit ihnen jeglichen Anstand vermissen. Wer unterwegs einmal darauf achtet, kann schnell feststellen: Es ist häufig schlicht unverschämt, wie Eltern ihre Kinder behandeln. Da werden grundlegende Regeln des menschlichen Miteinanders mißachtet, Kinder wie Boten, Dummköpfe, Diener und Rechtlose angesprochen, gerügt und herumkommandiert. Dabei ist das Verhalten solcher Eltern nicht immer und sofort völlig aggressiv; es gibt viele Abstufungen. Vielfach ist das Benehmen der Eltern ihren Kindern gegenüber auch einfach nur unhöflich. Aber auch da stellt sich natürlich schon die Frage: *Muß das sein? Ist das ein gutes Beispiel?* Auch welche Berechtigung der nicht selten zu vernehmende herablassende Tonfall haben soll, mit dem Eltern ihre Kinder kleinreden, ihnen den Wind aus den Segeln nehmen, ist eine Frage, die ausnahmslos unbeantwortet bleibt.

Da ich selbst Kinder habe, boten sich mir in den zurückliegenden Jahren zahlreiche Gelegenheiten, elterliches Verhalten zu erleben: Kindergarten, Schule, Feiern und Feste, Ausflüge, Besuche und dergleichen mehr. Und ich möchte feststellen, daß nahezu an sämtlichen Orten, an denen eine größere Zahl von Kindern mit Vätern und Müttern auftaucht, es immer mindestens einen Elternteil gibt, der völlig aus der Rolle fällt, sich deutlich danebenbenimmt.

Da habe ich mich dann irgendwann gefragt: Kann man das hochrechnen? Und wenn ja, was käme dabei heraus? Wenn Eltern ihre Kinder in der Öffentlichkeit schon so roh und ungehobelt behandeln, was passiert dann zu Hause? Wird dort, wo ohne Zeugen regiert und geherrscht werden kann, noch drastischer verfahren? Und: Wenn beinahe überall, wo Eltern öffentliche Räume bevölkern, einige von ihnen unangenehm auffallen, wieviele Erziehungsberechtigte mag es dann wohl geben, für die Drangsal und Schikane zum selbstverständlichen Repertoire der Erziehungsmethoden gehören? – Zu belastbaren Zahlen können solche Überlegungen natürlich nicht führen, sie lassen aber eine sich mulmig anfühlende Vermutung aufkommen: *Es könnten ziemlich viele sein.*

Mit anderen Worten: In jedem Augenblick wird irgendwo, auch und gerade dort, wo man es nicht mitbekommt, Kinderleid erzeugt. Ständig, jetzt. – Und dieser Gedanke möge alle Ursachen von Leid einschließen: von Verletzungen durch Hohn und Tadel, über Geschrei und Beschimpfung, ausgerutschte Hände bis hin zu den Abgründen der Schwerstkriminalität, Körperverletzung und Mißbrauch. Auch das *weltweite* Kinderelend sollte da mitbedacht werden. Gewalt und Krieg und Hunger und Armut lassen millionenfach Kindheit zur Hölle auf Erden werden. Diese weltumspannende Perspektive wie auch der Blick auf schwere und schwerste Straftaten von Eltern und Erziehungsberechtigten sollen jedoch erst im späteren Verlauf dieser Schrift aufgenommen werden. So monströs und unfaßbar diese Schrecken auch sind, möchte ich doch zuerst einmal die Ebenen in Augenschein nehmen, die gemeinhin kaum im Fokus einer ernsthaften Betrachtung stehen. Es wird zwar durchaus immer wieder Verweise in diese *kriminellen* Bereiche geben (müssen), doch mein Versuch, den würdigen und respektvollen Umgang mit Kindern als eine grundsätzliche Selbstverständlichkeit und auch als eine Frage der Ehre zu bewerben, findet seine Mittel zunächst auf den Fluren deutscher Grundschulen und Kindergärten, auf Spielplätzen, auf der Straße und in den Wohnstuben.

Nicht die Exzesse, die ja ohnehin und ganz fraglos in unbegrenztem Maße verwerflich sind, sollen hier also an erster Stelle ins Licht gezogen werden, sondern vielmehr das *alltägliche* und für *normal* gehaltene Gebaren von Eltern gegenüber ihren minderjährigen Kindern. Verhaltensweisen, die von Eltern als derart selbstverständlich empfunden werden, daß sie auch vor Zeugen und Fremden ungerührt praktiziert werden, bilden den Ausgang meiner Betrachtungen. Es geht also um offensichtliche Normalfälle, um Regelfälle, von denen manche eben auch schon so schlimm sind, daß man in ihnen bereits die Saat für dornenreiche Wucherungen in der kindlichen Seelenlandschaft erkennen kann.

Wem meine Anwürfe gegen durchaus beträchtliche Teile der Elternschaft selbstgerecht vorkommen mögen, dem sei an dieser Stelle versichert, daß ich mich keinesfalls erheben will. Allein meine Stimme möchte ich erheben. Und dies möchte ich mit Nachdruck tun, laut und deutlich. Ich bin fehlbar wie alle anderen auch, aber die Anklage kann mir trotzdem niemand verwehren. Dürften allein die Vollkommenen und ganz Reinen Partei ergreifen, es würde noch viel stiller ringsherum sein.

Und gerade für Kinder ertönen ohnehin nur selten Stimmen in den schrillen Foren gesellschaftlicher Postulate, in denen mit gleichmäßiger Leidenschaft alles und nichts verhandelt wird, von der Tagespolitik bis hin zum Klatsch. Massenhaft werden Meinungen feilgeboten, Interessen beschrien und bedient. Aus allen Richtungen tönen Alarmglocken, das Prädikat größter Wichtigkeit wird jedweder Debatte angehängt. Medien und Macht, Parteien und Panik, Märkte und Geschwindigkeit, Technik und Konsum, Arbeit und Energie; Myriaden von Themen werden Tag und Nacht durch alle Kanäle gepumpt. Und die hierzulande lebenden 11 Millionen Einwohner unter 14 Jahren, die laufen bei all dem ebenso mit, immer ungefragt, manche halbwegs ungezwungen, manche an Gängelbändern, die allermeisten angenommen und geliebt, viel zu viele aber als Menschen zweiter oder dritter Klasse, als Spielball erzieherischer Launen, im schlimmsten Fall als Daueropfer elterlicher Willkür.

Geht es im öffentlichen Diskurs dann einmal doch um Kinder, so werden die immer gleichen Posten aufgerufen: Kita-

Plätze, Bildung, Kindergeld, Elterngeld. Die (leider) enorm bedeutenden Themen *Mißhandlung* und *Mißbrauch* von Kindern werden hingegen nur am Rande und nebenbei diskutiert. Hier kann man den Menschen und Vereinen, die sich tätig und sorgend um junge Gewaltopfer kümmern, gar nicht genug danken. Zum Glück gibt es diese Hilfe (die aber längst nicht jedes betroffene Kind erreicht); was es aber kaum gibt, ist eine aus der Gesellschaft heraus formulierte Anklage gegen die Täter; was fehlt, ist ein permanentes Anprangern der (erschreckend) hohen Fallzahlen wie auch eine Ächtung elterlicher Machtstrukturen, durch die Angriffe auf Kinder, von der verbalen Attacke bis hin zu Prügel und Mißbrauch, erst möglich gemacht werden.

Doch noch einmal: Es sind nicht allein die von Eltern und anderen Erwachsenen verübten Gräueltaten, mit denen ich mich hier beschäftigen will. Es geht mir auch um Vorgänge, über die so gut wie nie diskutiert wird, weil sie von einer Mehrheit für üblich, für weitgehend normal und teilweise sogar selbstverständlich gehalten werden. Ich möchte versuchen, den Umgang zu ergründen, den völlig normal auftretende Eltern mit ihren Kindern im gängigen Gleichstrom des Alltags praktizieren. Und um es gleich vorweg zu sagen: Viele Erlebnisse und Beobachtungen haben mich im Laufe der Jahre zu der Annahme geführt, daß es für eine beträchtliche Zahl von Eltern und Erziehungsberechtigten obligat zu sein scheint, Kinder anders anzusprechen, anders zu behandeln als volljährige Menschen. Und *anders* ist hier nicht im Sinne einer besseren Verständigung zwischen weit auseinanderliegenden Altersstufen gemeint. *Anders* bedeutet vielmehr unglaublich oft: von oben herab, unfreundlich, rüde, barsch, abwertend, belehrend und befehlend, herrschend und anherrschend; im Grunde könnte man zusammenfassend sagen: unkultiviert und respektlos.

Womit haben Kinder das eigentlich verdient? Werden Kinder häufig deshalb schlecht behandelt, weil sie körperlich unterlegen, weil sie die Schwächeren sind? Und warum glauben manche Eltern, es sei ihr gutes Recht, den eigenen Nachwuchs zu terrorisieren?

Dieser Text kann kein launiger Text werden. Versucht man sich in die Gefühlswelt von Kindern zu versetzen, die unter Entwürdigung und Aggression zu leiden haben, so kann einem da jedwede Süffisanz nur fernliegen. Dies ist – wie eingangs bemerkt – kein Erziehungsratgeber. Daher bedarf es auch nicht des Plaudertons, der mittlerweile in vielen Büchern, die sich mit Kindern und Erziehung befassen, notorisch geworden ist. In solchen Veröffentlichungen werden Kinder übrigens nicht selten als aufsässige Brut verleumdet, der man sich mit einem Arsenal an Abwehr- und Lenkungsinstrumenten zu erwehren habe. In manchen Titeln werden Kinder sogar als „Tyrannen" diffamiert (dabei sind nahezu ausschließlich Eltern die Tyrannen).

Was ich hier vorlege, ist schlicht ein auf einige Seiten ausgedehnter Appell, mit seinen Kindern ganz *normal* und anständig, respektvoll und fair umzugehen. Wer das tut, braucht keinen Erziehungsratgeber.

Eine Kampfschrift möchte ich hiermit vorlegen, wenigstens eine Streitschrift. – Warum über all das nicht einen Roman oder eine Erzählung schreiben? Eine Kurzgeschichte vielleicht? Ein Drehbuch? Einen exemplarischen Fall entwickeln und zum spannenden, aufrüttelnden Drama machen? Nein, Geschichten und Filme von geschundenen Kinderseelen (und -körpern) gibt es ja schon. Es existieren zahlreiche zutiefst berührende und hochbrisante Geschichten, deren Verbreitung aber (anscheinend) nichts genützt hat.

Doch was kann dagegen eine Streit- oder Kampfschrift ändern? Was ein Pamphlet, ein Aufruf? Ich weiß es nicht, aber es kommt auf einen Versuch an, da alle anderen (veröffentlichten) Versuche mehr oder weniger gescheitert sind. Möglicherweise kann mit einer Klageschrift mehr Diskussion entfacht werden, mehr Spiegelung und Einkehr. Vielleicht fällt eine Klageschrift durch ihre heute selten gewordene Form auch mehr auf als eine Erzählung. Die Klageschrift ist zudem ein gewolltes Politikum, ein revoltierendes Gebrüll, jenseits von Zielgruppen und Unterhaltungskultur; sie richtet sich an alle, wird an das imaginäre Tor der Gesellschaft geschlagen wie ein kritisches Thesenpapier. Sie ist eine Unmutsbekundung, keine Story. Sie ist der Versuch, ohne Chiffren und Verklausulierungen auf einen Mißstand hinzuweisen, eben ganz offen und direkt, abseits jeglicher Transporthilfe durch Spannungsbögen und fesselnde Dramaturgie. Sie ist ein Vogel-Zeigen, eine schriftliche Beschwerde, eine Vorhaltung. Denn ich glaube, dieses Thema braucht die direkte Ansprache, den Ausbruch. Somit möge diese Schrift ein Manifest der Milde sein, eine Tirade der Empörung, eine Kampfschrift für Kinder.

Der Tonfall meiner Schrift mag den Verdacht aufkommen lassen, hier habe man es mit den Anwürfen eines Verbitterten zu tun. Würde ich bei einem anderen Verfasser eine derartig unnachgiebige und durchweg empörte Kritik an elterlichem Verhalten lesen, ich könnte mich sicher auch nicht der Vermutung enthalten, daß wohl nur eine schwere und glücklose Kindheit als trüber Quell solcher Attacken auszumachen wäre.

Daher möchte ich dem Leser an dieser Stelle versichern, daß kein in Kindertagen selbst erfahrenes Leid als heimliche Motivation für diese Schrift hinter oder zwischen diesen Zeilen lauert. Im Gegenteil. Ich bin dankbar dafür, daß ich auf eine gute und vielfach unbeschwerte Kindheit zurückblicken darf. Ich wuchs bei meiner Mutter auf und wurde von ihr sehr anständig, fürsorglich und mit Liebe behandelt. Ich glaube sogar, daß eher ich meinen Eltern manchmal das Leben schwer gemacht habe als umgekehrt. Erinnerbare Gewalterlebnisse sind rar: Es gab eine Ohrfeige von meiner Mutter und eine regelrechte Prügelei mit meinem späteren Stiefvater, da muß ich 10 oder 11 Jahre alt gewesen sein (und zog selbstverständlich den Kürzeren). Schicksalhaftes Leid, wie es von Scheidung, Trennungen, finanziellen Engpässen bis hin zu Krankheit und Tod verursacht wird, habe ich natürlich auch erfahren. Wirkliche persönliche Konflikte zwischen mir und meiner Mutter, meinem Stiefvater und meinem leiblichen Vater entbrannten aber erst ab dem Einsetzen der Pubertät. In meinem vorliegenden Text geht es jedoch ganz ausdrücklich um Kinder, also um Menschen in einem Alter von Null bis 12, maximal 13, 14 Jahren, nicht um Jugendliche.

Natürlich habe ich als Kind auch Ohnmachtsgefühle erlebt, weiß, wie es sich anfühlt, wenn über den eigenen Kopf hinweg etwas entschieden wird, womit man längst nicht einverstanden ist. Dieses Gefühl, keine Wahl zu haben, keine Möglichkeit der Flucht, ist mir aus Kindertagen wohl bekannt. Aber es ging bei alledem nie um wirklich schmerzliche Hergänge, nie um katastrophale Perspektiven, obgleich es für ein Kind oft nur geringer Anlässe bedarf, um zu verzweifeln. Ein Kind kann eben nur mit Mühe in Relationen denken, ist mit Einordnungen aufgrund mangelnder Erfahrungen nicht selten überfordert, weshalb es Kleinigkeiten ernsthaft zu fürchten versteht und wirklichen Bedrohungen unbekümmert entgegentritt. Aber da können Eltern sein wie sie wollen; mit diesen emotionalen Auslotungen haben alle Menschen zu tun, die noch nicht so lange auf der Welt sind, selbst unter günstigsten Umständen.

Nein, die gefühlten und tatsächlichen Verwerfungen meiner eigenen Kindheit sind nicht (oder nur zu einem geringen Teil) Antrieb für die Niederschrift dieses Essays. Das Thema hat mich eigentlich erst vor wenigen Jahren gefunden. Ich glaube, meine zweifache Vaterschaft hat mich dazu angeleitet, zuerst und einerseits mich selbst dabei zu beobachten, wie ich mit Kindern umgehe, andererseits aber auch andere Väter und Mütter in dieser Hinsicht genauer ins Visier zu nehmen. Ich habe einfach ganz unwillkürlich damit begonnen, auf bestimmte Dinge mehr zu achten. Mir wurde schnell klar, wie leicht es für einen Erwachsenen ist, ein Kind in Kummer und Verzweiflung zu stürzen, und zwar selbst dann, wenn es bloß aus Gedankenlosigkeit heraus geschieht. Und: Je jünger ein Kind ist, desto schwerer wiegt alles, desto wirkungsvoller erweist sich jedes Tun und Lassen. Gutes verstärkt sich, das Üble und Schlechte aber auch.

Ich habe niemals die Hand gegen meine Kinder erhoben und auch zu keinem Zeitpunkt mit dem Gedanken daran gespielt, aber: Ich habe sie angeschrien. Jedes Kind drei- bis viermal. Richtig laut. Und ich kann mich noch heute, obwohl Jahre seither vergangen sind, gut an die jeweiligen Situationen erinnern. Und wenn ich daran zurückdenke, packen mich umgehend dieselben Gefühle des Bedauerns und der Reue, die mich bereits damals gleich nach meinem Gebrüll ergriffen hatten. Diese Erkenntnis, ungerecht und maßlos gewesen zu sein, macht mir noch heute zu schaffen. Es waren Vergehen, Angriffe, es war akustische Gewalt. – Der Selbsttadel führte aber tatsächlich auch zu einem immer genauer werdenden Blick auf meine Umgebung. Und je sensibler ich das Eltern-Kind-Geschehen um mich herum verfolgte, desto zügiger wurde mir klar, daß da (vonseiten der Erwachsenen) offenkundig Verhaltensweisen an den Tag gelegt werden, die völlig inakzeptabel sind, aber durchaus alltäglich.

Im Sommer auf dem Land, ein kleiner Park, ein Schlößchen, dörfliches Gehäus ringsum; mein Spaziergang beendet, ich will ins Auto steigen, da höre ich plötzlich Geschrei. Bis eben schien alles friedlich. Jetzt wütender Lärm. Die ländliche Stille fällt nieder wie ein gelöster Vorhang aus Blei. Die Herkunft des Getöses ist schnell ausgemacht: Ein vier- bis fünfjähriges Mädchen wird von seiner Mutter angebrüllt und beschimpft. Ich stehe an der eben geöffneten Tür meines Autos, einen Fuß schon ins Innere gesetzt und verfolge die scheußliche Szene. Der Vater steht mit einem Wagen daneben, in dem sich wohl ein Geschwisterkind befindet. Alle sind vielleicht 30 Meter von mir entfernt. Der Mann nimmt zunächst kaum Notiz von dem aggressiven Geschehen, zischt dann aber das kleine Mädchen an, es solle nicht so „rumzicken"; damit ist klar: Er unterstützt die Attacken der Mutter auf das eigene Kind. Das Mädchen findet mithin keinen Verbündeten, es hat zwei erwachsene Gegner. Offensichtlich geht es darum, daß das Kind seine Schuhe anziehen soll, was es aber unter Weinen ablehnt. Die Mutter schreit ihr Kind unablässig an. Als es schließlich verängstigt ein paar Schritte von der kreischenden Mutter fortläuft, geschieht etwas Unfaßbares: Die Frau holt aus und wirft mit den Schuhen nach ihrem Kind.

Ein Schuh nach dem anderen fliegt dem Kind nach, es wird zum Glück nicht getroffen, beide Wurfgeschosse verpassen knapp ihr Ziel. – Viel hat nicht gefehlt und die Schuhe wären gegen den Rücken oder gar das Köpfchen des kleinen Mädchens geprallt.

Diesmal überlege ich nicht lange und reagiere umgehend: Ich rufe die Frau an und rüge entrüstet ihr Verhalten, so daß es über den ganzen Platz schallt. Die Mutter merkt unversehens auf, ebenso der Vater, der seinen Schritt abbremst, beide schauen mich an, während ich lautstark jenes durch und durch unfaßbare Benehmen geißele. Eine alte Frau, die gleichfalls die ganze Szene beobachtet hatte, stimmt mir zu, schüttelt im Vorübergehen den Kopf und sagt: „Wie kann man nur mit Schuhen nach seinem Kind werfen! Das ist doch furchtbar! Ganz furchtbar ist das!"

Meine Einmischung war gut und richtig. Zumindest für mein Gewissen. Nur für mein Gewissen? Die Mutter redet nun ganz ruhig mit ihrem Kind, nimmt es bei der Hand und alle ziehen ab. Ich bleibe zurück, schockiert und fassungslos, alles Gute für das Kind erhoffend. Man kann sich leider nie sicher sein, wie sich ein unvermitteltes Eingreifen in solchen Situationen späterhin auswirkt.

Die Eltern oder Elternteile erfahren durch öffentlichen Tadel und Zurechtweisung von fremder Seite ja eine Frustration, für die sie dann möglicherweise ihre Kinder mitverantwortlich machen und diese im Anschluß dafür büßen lassen. Und das ist eben eine grundsätzliche Frage, die ich mir immer wieder stelle: Steigert die Einmischung von außen, die Parteinahme für ein angegangenes Kind, die Aggressionen seiner Peiniger?

Und: Wo liegt der Punkt, ab dem es ratsam sein könnte, einzugreifen? Wann ist es gar *geboten*, die Eltern fremder Kinder in ihre Schranken zu weisen? Bei der geschilderten Schuh-Attacke war es keine Frage. Solcherlei kann man nicht durchgehen lassen. Doch derartige Übergriffe sind in belebter Öffentlichkeit ja eher eine Ausnahme (ich glaube auch in diesem Fall wähnte sich die tobende Mutter wohl nahezu unbeobachtet). Wesentlich häufiger als tatsächliche Gewaltanwendung erlebt man draußen ja Drohungen, die Eltern gegen ihre Kinder aussprechen. Die Androhung von Gewalt oder anderen empfindlichen Strafen soll Kinder auch in der Öffentlichkeit dem elterlichen Willen unterwerfen. *„Wenn du jetzt nicht hörst, dann setzt es was!"* Oder: *„Wenn Du nicht sofort kommst, kannst du was erleben!"* Beliebt auch: *„Wenn du nicht spurst, gibt es nachher dies oder das nicht!"* Wie also kann man einen Schwellenwert für sich beziffern, mit dessen Überschreitung man sich dazu aufgerufen fühlen sollte, ein unbekanntes Kind vor seinen eigenen Eltern in Schutz zu nehmen? Und: In welcher Manier, mit welcher Haltung und Wortwahl sollte man sich tobenden oder übergriffigen Eltern überhaupt nähern? Milde Ansprache oder barsche Zurechtweisung? In manchen Fällen kann ja auch ein aufrichtiges Angebot von Hilfe beruhigend und schlichtend wirken. Auf diese Fragen möchte ich im weiteren Verlauf dieser Schrift noch zurückkommen.

Wer in der arabischen Welt mit Schuhen auf einen Menschen wirft, bekundet diesem gegenüber seine größte Verachtung und Ablehnung. Ein derartiger soziokultureller Kontext spielte im eben beschriebenen Fall natürlich überhaupt keine Rolle. Hier waren die Schuhe selbst ja der greifbare Gegenstand der Auseinandersetzung. Und doch bezeugten auch hier die geworfenen Schuhe nichts anderes als Verachtung und Ablehnung, ja im Grunde gar einen plötzlich hervorbrechenden Haß. Denn die Schuhe wurden beileibe nicht resigniert beiseite geschmissen, sie wurden gezielt und mit größtmöglicher Wucht dem Kinde hinterhergeworfen. Lange noch mußte ich an diesem Tag über das Erlebte nachdenken. Immer wieder fragte ich mich, warum Eltern ihren Kindern mit solcher Aggression begegnen, warum sie zarte Wesen, die kaum über die Kraft verfügen, eine fest verschraubte Flasche zu öffnen, dermaßen rabiat behandeln.

Wer in der Öffentlichkeit Zeuge eines rüden und ruppigen oder gar gewalttätigen Umgangs von Eltern mit ihren Kindern wird, der stelle sich einmal selbst und ganz bewußt die Frage, welches Klima bei den beobachteten Personen wohl zu Hause herrscht, welcher Grundton in der Verborgenheit des Heims angeschlagen wird. Auch wenn man nur ab und zu erlebt, wie Kinder von ihren Eltern in mißliche Lagen gebracht werden, so kann sich dieses „ab und zu" im Laufe der Jahre doch zum Empfinden einer erschreckenden Häufigkeit auswachsen, so daß der sensible Beobachter kaum umhinkommt, in all dem nur die Eisbergspitzen zu erkennen, die scharfkantig aus dem Tränenmeer herausragen.

Gewiß, man erfährt scheinbar Randerscheinungen, kratzt nur zufällig hier und da und gänzlich ungewollt an der bösen Oberfläche herum ... , aber irgendwann beginnt man eben doch mit dem Hochrechnen. In solchen Angelegenheiten ist das sicher ein ziemlich spekulativer Akt, dieses Hochrechnen; aber es reicht ganz bestimmt aus, um einem begreiflich zu machen: Seltenheiten sind das sicher nicht, wenn Kinder schlecht und würdelos behandelt werden. Und so frage man sich weiterhin: *Wieviele* Kinder werden eigentlich *wie oft* von ihren Eltern angeschrien, beschimpft, gedemütigt und verletzt? Die ernüchternde Antwort darauf kann ja nur lauten: Es müssen Massen sein, dauernd, überall und jetzt. In der Zeit, die benötigt wird, um diesen Satz hier zu lesen, werden tausende und abertausende Kinder von Erwachsenen zum Weinen gebracht. In jeder Sekunde werden ungezählte Kinder angeschrien, viele gar mißhandelt und geschunden. Führt man sich das vor

Augen, so wird einem klar, daß das Geschrei der Eltern niemals aufhört. Bringt man in Gedanken Häufigkeit und Gleichzeitigkeit dieses ganzen Geschimpfes zusammen, so entsteht die Vorstellung von einem grollenden, dröhnenden, grausig kehligen Dauerton, der durch nichts abzustellen ist, der immer lärmt und sich unablässig auswirkt. Addiert man dann noch das Weinen und Geheul der Kinder, so entsteht eine Partitur der Wut, der Trauer und Verzweiflung, die selbst mit allen Sirenen der Welt nicht angemessen nachgespielt werden könnte.

Eine Gewalt ist physisch, eine andere Gewalt ist psychisch. So werden Angriffe üblicherweise unterschieden. Jede Gewalt aber trifft immer den ganzen Menschen. Jede Attacke, ganz gleich ob als primäre Waffe die Stimme eingesetzt wird oder die Hand, wirkt sich auf die Seele und den Körper gleichermaßen aus. Allein die Schallwellen eines Gebrülls treffen ja nicht bloß die Seele, sondern auch das Gehör, sie umtosen den Leib vollständig, versetzen jeden Punkt seiner Oberfläche in feinste Vibrationen, die in ihrer Summe durchaus einem physischen Schlag gleichkommen können. Doch selbst ein böses Wort, das ruhig und zimmerlaut gesprochen wird, kann gleich und ohne Umschweife dem Körper Schmerz zufügen, weil die Seele Schmerz nie alleine aushalten kann und ihn daher stets in die Auffangbecken ihrer stofflichen Umgebung ableitet, vornehmlich ins Herz, in den Magen, manchmal auch in den Kopf. Worte können kränken, können dazu führen, daß sich der gesamte Körper krank anfühlt. Herzklopfen, Atemnot, Druck- und Engegefühle im Hals (die zugeschnürte Kehle), im Brustraum und im Bauch sind nicht selten die physischen Symptome psychischer Gewalt. Das gilt natürlich für Kinder wie für Erwachsene. Erwachsene sind jedoch gemeinhin mehr oder weniger in der Lage, die Auswirkungen, aber auch die Ursachen ihnen angetaner Gewalt zu reflektieren. Kinder können das überhaupt nicht. Sie werden immer von der ganzen Wucht eines Angriffs getroffen und müssen bar jeder geistigen Ausweichmöglichkeit den gesamten Parcours der Not durchlaufen: Angst und Trauer, Fassungslosigkeit und Verzweiflung, Ohnmacht und Einsamkeit.

Welch grobe Wunden körperliche Gewalt in die Seele reißt, das ist so selbstverständlich vorstellbar, daß es hier kaum weiterer Ausführungen bedarf. Nur dies: Schläge und Prügel sind Ausweis des Willens zur Zerstörung, zumindest nimmt der Schlagende in Kauf, daß durch diesen Akt etwas *kaputtgehen* kann. Dies weiß und spürt das Opfer der Körpergewalt natürlich auch. Somit wird der Angreifer immer als existenziell bedrohlich empfunden, als eine hassende, zur Vernichtung bereite Person. Sollte einem Kind zugemutet werden, einen solchen Blick auf seine Eltern entwickeln zu müssen?

Psychische Gewalt ist nicht meßbar und taucht daher auch in keiner Statistik auf. Psychische Gewalt erzeugt keine sichtbaren Wunden, die ein Arzt zu melden hätte. Wer psychische Gewalt anwendet, kann ziemlich sicher sein, dafür niemals zur Rechenschaft gezogen zu werden. Deshalb gibt es viel psychische Gewalt unter unseren Dächern. Es gibt sie häufig unter Erwachsenen, sie wird aber auch vielfach gegen Kinder eingesetzt. Sie ist ein Mittel, um zu strafen und zu demütigen, um klein zu machen und klein zu halten. Mal wird sie bewußt und mit Vorsatz angewendet, nicht selten aber auch getrieben und ungewollt, sozusagen als automatisiertes Handlungsverfahren von Menschen, die zuvor selbst, oft während ihrer eigenen Kindheit und Jugend, emotional ungenügend versorgt wurden. Doch ganz gleich warum und wie psychischer Terror ausgeübt wird, die Täter hinterfragen ihr Vorgehen kaum, fühlen sich meistens im Recht, halten ihr Tun für angemessen und sehen darin häufig sogar eine berechtigte und legitime Reaktion auf das angenommene Fehlverhalten eines Mitmenschen, oft ihres *eigenen Kindes*. So kommt es dann in einigen Elternhäusern zu einem Regime aus Strafen und sinnlosen Verboten, Zwängen und Vorenthaltungen, getragen von einer Propaganda inhaltsleerer Prinzipien und einer degradierenden Sprache.

Daß vornehmlich Kinder zu Opfern und dazu noch zu besonders beklagenswerten Opfern jedweder Form von Gewalt werden, ist dem Umstand ihrer körperlichen Schwäche und Kleinheit geschuldet. Wären Kinder nach dem Abstillen zwei Meter groß, ihre Eltern würden sich ihnen bestimmt auf andere Weise nähern. Andererseits schafft es der erwachsene Mensch ja auch, kräftige Bären mit Gewalt und Ketten in den Gehorsam zu zwingen, selbst Elephanten läßt er im Zirkusrund nach seiner Pfeife tanzen. Der erwachsene Mensch neigt wohl dazu, andere Wesen zu unterwerfen, sich über andere Geschöpfe zu erheben, sei es im Beruf, in der Familie, im Reich der Natur, wo auch immer. Dabei sucht er sich mehrheitlich die Nächstschwächeren aus – bis hin zu den ganz Schwachen (und auch die erwähnten Großtiere sind ja letztlich doch schwächer, da sie nicht über Betäubungsgewehre und Käfige verfügen). Kinder sind grundsätzlich die schwächeren, denn sie sind klein und ohne nennenswerte Körperkraft. Auch geistig haben sie dem psychologischen Dominanzverhalten der Erwachsenen kaum etwas entgegenzusetzen. Denn selbst wenn ihre Seelen reich sind und oft von Anfang an mehr Geist in ihnen wirkt als bei manchem Erwachsenen, so fehlt ihnen doch noch die mentale Wendigkeit, um Vorstöße zu parieren, die mit Erfahrung und intellektueller Hinterlist vorgetragen werden. Kinder stecken nur ein, sie teilen nie aus. Kaum vorstellbar, daß ein kleines Kind nach erduldeter Beschimpfung einmal mit der Faust auf den elterlichen Tisch haut und ausruft: *„Jetzt reicht s mir aber! Was fällt euch eigentlich ein, so mit mir zu reden!?"* Kinder können sich kaum verteidigen, sie müssen aushalten, sind dazu verurteilt, stets das gesamte Ausmaß einer Behandlung in sich aufzunehmen.

Auch steht dem Kind sein sogenanntes Urvertrauen hinsichtlich einer angemessenen Selbstverteidigung oft im Wege: Es *ahnt* einfach nichts Böses und wird daher von einer negativen Erfahrung mit einem Erwachsenen immer überrumpelt und überrascht. Beschimpfung, Drohung und Strafe wird ein junges Kind niemals mit dem eigenen Verhalten in Verbindung bringen, da es längst nichts weiß von Schuld und Verfehlung. Jeder Angriff wird somit im Gemüt des Kindes als Gefühl der Verunsicherung und Ungeborgenheit zu Buche schlagen, es wird schmerzlich lernen, daß ihm seine Versorger nicht immer nur wohlgesonnen sind, sondern auch ganz unvermittelt dazu übergehen können, sei es mit Worten oder Taten, eine Stimmung der Ablehnung zu erzeugen, ein Klima der Angst.

Angsterzeugung war immer und ist auch heute noch in vielen Elternhäusern ein Instrument zur Erzwingung von Gehorsam, ein Hebel, um die Anpassung an den jeweiligen Meinungstenor zu erwirken, ein Mittel, um sich „Respekt" zu verschaffen, ein Beleg von Macht. Die Angst vor Strafe, die Angst vor einem verordneten Verzicht auf ein ersehntes Gut oder Erlebnis, die Angst vor Gebrüll, vor Schlägen, vor verletzenden Beleidigungen, die Angst vor zum Zwecke der Sanktion geübter Ignoranz, vor Schweigen und bewußtem Übergehen, mit einem Wort: die Angst vor Liebesentzug ist in ungezählten Kinderzimmern ein permanenter Mitbewohner. Wobei hier gleich angemerkt werden soll, daß es so etwas wie *Liebesentzug* eigentlich nicht geben kann, der Begriff an sich beschreibt eine Paradoxie. Denn Liebe kann nicht im Wechsel entzogen und wieder gespendet werden. Man kann Aufmerksamkeit entziehen, vielleicht auch noch Zuneigung, aber Liebe kann man, wenn überhaupt, nur ein einziges Mal entziehen – und dann ist sie weg und kommt in der Regel auch nicht wieder. Entziehen kann man nur etwas, was an Bedingungen geknüpft ist. Und Liebe, erst recht die Liebe zu den eigenen Kindern, ist immer bedingungslos. Doch bei einem gescholtenen Kind kann es so ankommen, ihm kann es so erscheinen wie ein *Liebesentzug*, wenn die Eltern sich erzürnt wegen eines Fehlverhaltens abwenden oder sogar Strafmaßnahmen durchführen. Ob Eltern, die ihre Kinder schlecht behandeln, diese auch lieben, kann zudem prinzipiell bezweifelt werden. Doch geht ein Kind zunächst immer davon aus, von seinen Eltern und Versorgern auch geliebt zu werden. Mit Recht erwartet es nichts anderes.

Ich möchte an dieser Stelle noch einmal betonen, daß es mir hier in erster Linie nicht allein um die offenkundige Brutalität unter unseren Dächern geht, nicht ausschließlich um die Gewaltexzesse, unter denen Kinder, aber auch viele erwachsene Mitglieder von Familien leiden müssen. Nicht die von der allergrößten Mehrheit verurteilte und verachtete strafrechtlich relevante häusliche Gewalt ist Ausgangspunkt und vornehmlicher Gegenstand meiner Ausführungen; nein, ich setze viel früher an, in gewöhnlichen und völlig normalen Umfeldern und Situationen finde ich das Futter für meine Kanonaden. Mich interessiert schon der Tonfall, in dem ein Elternteil *Nein!* sagt zu seinem Kind. Ich verhandle das, was mir begegnet, was ich im Vorübergehen aufschnappe, also schlicht das, was mein Alltag mir erzählt. Ich werde diese Erlebnisse hochrechnen und verallgemeinern, werde versuchen, daraus Schlüsse zu ziehen und einen Blick auf das Ganze zu werfen.

Daß manche Eltern wirklich und wahrhaftig böse sind, ihre Kinder unvorstellbar quälen und manchmal sogar umbringen, daß es Psychopathen gibt, denen auch das Schutzloseste kein Erbarmen abringt, das sind derartig monströse Einsichten der menschlichen Gesellschaft, deren Vermengung mit Fragen der Erziehung, mit Fragen des allgemeinen Umgangs völlig ausgeschlossen sein muß. Es wird sicher um Gewalt gehen (müssen), um körperliche und seelische, aber nicht um Ausrottung, um Auslöschung und schwerste Straftaten. Es geht an dieser Stelle also nicht um die Gipfel der Grausamkeit, deren Beklagung schon einen unfaßbaren Teil unserer Lebenswirklichkeit einnehmen müsste; es geht um die überall erfahrbare Unverfrorenheit, mit der zahlreiche Eltern ihre Kinder behandeln, als sei es das Natürlichste und Selbstverständlichste von der Welt. Und da schon möchte ich ansetzen und fragen: Was soll das eigentlich?!

Später, wenn es auch um die allgemeine Lage der Kinder in der Welt gehen soll, werde ich noch unweigerlich auf alles Grauen und alles Elend eingehen müssen, das von erwachsenen Menschen aus unterschiedlichsten Gründen in die Kindheiten getragen wird. Und bereits an dieser Stelle sei darauf hingewiesen, daß täglich, ja stündlich und minütlich weltweit Kinder sterben, weil (ausschließlich!) Erwachsene, von denen viele ja auch Eltern sind, lebensgefährliche Verhältnisse und Umstände herbeiführen.

Nun aber zurück auf unsere Straßen und Flure, in unsere Kinderstuben und Elternhäuser, in unseren Alltag, in die Räume unserer Gewohnheit.

Eine Familie am Leipziger Hauptbahnhof. Vater, Mutter, drei Kinder, diese sehr jung. Sie bewegen sich zügig. Wie ein Pflug wirkt der kleine Pulk im Gewimmel der Ladenpromenade. Eines der Kinder, ein kleiner Junge, schert plötzlich aus, verlangsamt seinen Schritt. Mit irgendetwas scheint er ein Problem zu haben, irgendwas möchte er – oder eben nicht. Es ist nicht auszumachen, worum es geht. Deutlich ist allein die Ansprache der Eltern. Als sie den Eigensinn ihres Kindes bemerken, halten sie abrupt inne, wenden sich herum und brüllen gemeinsam und völlig wutentbrannt auf den Jungen ein. Er solle sofort herkommen und wenn sie das noch einmal sagen müssen, dann würde es was setzen usw. usf. Dem kleinen Jungen schießen sofort die Tränen in die Augen. Ein Umstand, der die Eltern erst so richtig wild werden läßt. Weinen als Vergehen, Weinen als Akt der Opposition, der nicht zu dulden ist. Wer es wagt, zu weinen, wird bestraft, wird ohne Umschweife angegriffen. Und so geschieht es. Die Mutter stürzt auf den Jungen zu, packt ihn am Arm und schüttelt ihn mit unbändiger Energie durch. Dabei hält sie ihr Gesicht ganz dicht vor das seine und brüllt und schreit und keift ihn an. Rabiat wird der Junge wieder in den Pulk gezerrt, der sich rasch im Strom des Bahnhofs verliert. Schnell ist das Weinen des Jungen nicht mehr zu hören, nur das fortgesetzte Schimpfen der Eltern bleibt noch eine Weile als akustische Spur über dem Gedränge erhalten. Ich bin wie betäubt und auf einen Schlag voller Traurigkeit. Wie muß es diesem Jungen erst gehen? Das war eine öffentliche Hinrichtung, vor so vielen Menschen in Grund und Boden geschrien, herabgewürdigt und gestraft zu werden. Vor aller Welt wie eine Puppe geschüttelt, mit festem Griff in den Gehorsam gezwungen. Eltern können Scheusale sein. Und die Tränen des Jungen, sie waren ihm kein Schutz, vermochten den elterlichen Furor nicht zu bremsen – im Gegenteil: Seine Tränen waren Öl im Feuer und ließen die Mutter endgültig explodieren. Weinen ist wie am Boden liegen. Unter fairen Kämpfern gilt die Regel: Wer gefallen ist, von dem wird abgelassen. Wer ein weinendes Kind verbal oder physisch attackiert, der tritt auch einen Wehrlosen. Tränen, insbesondere von Kindern, sollten eigentlich Schutz und Trost erwirken. Daß manche Eltern ihre Kinder trotz Tränen ungerührt angreifen, ist ebenso erschreckend wie rätselhaft. Man würde hier doch eher mit einer „Beißhemmung" rechnen, wie sie im Tierreich üblich ist.

Aber leider ist eben dies ein häufig zu beobachtendes Phänomen: Eltern, die ihre Kinder teils mit drastischen Worten tadeln, rügen, maßregeln, beschimpfen und anschreien, dulden nicht, daß ihr derartig verletztes und angegriffenes Kind seine natürliche Verzweiflung und Betroffenheit über die verbalen Züchtigungen im Anschluß in irgendeiner Form zum Ausdruck bringt. Durch Verbalattacken verursachtes Weinen wird häufig von den Eltern umgehend mit weiteren Haßtiraden und Beschimpfungen als völlig unzulässig markiert. Es wird dem gegeißelten Kind also nicht einmal zugestanden, auf den Vorfall seelisch zu reagieren. Da die Eltern ja im Recht sind und gleichsam Recht haben, wird vom Kind erwartet, daß es dieses Recht auch unverzüglich anerkennt und daraufhin die erlittene Seelenqual sofort stumm und regungslos erduldet, sich nichts anmerken läßt. Das wäre ja auch noch schöner, wenn der

Schuldige gegen seine durch und durch gerechtfertigte Maßregelung durch Tränen oder gar Notgeschrei opponiert. Nein, das angeschriene und beleidigte Kind hat nach der Verbalstrafe zu schweigen. Alles andere ist Aufbegehren und ein Zeichen von Uneinsichtigkeit. Punkt. – Selbst im Verlauf ganz normaler, also nicht eskalierender Diskussionen und Streitgespräche um alltägliche Begehrlichkeiten innerhalb des Familienverbundes läßt sich schon das *Prinzip* des oben beschriebenen Vorgehens erkennen: „Nicht in diesem Ton!" – das ist ein berühmter elterlicher Standardsatz, der gerne und bei vielerlei Gelegenheiten vorgetragen wird. Was bedeutet dieser Satz? Er bedeutet: Von Kindern wird erwartet, daß sie Genervtheit oder Verärgerung in einen langmütigen bis moderaten Tonfall transponieren. Ihrem Unmut den passenden und eben der Gemütslage entsprechenden Sprachklang zu verleihen, wird Kindern von ihren Eltern selten gestattet. Dagegen erlauben die Eltern sich selbst natürlich stets und ständig *jedwede* Tonart: von murrend bis brüllend, von barsch bis hysterisch.

Es ist wirklich eine interessante Frage, warum Eltern oftmals ihre eigenen Kinder so schlecht behandeln, sich zumindest ihnen gegenüber, selbst wenn sie im Grunde ganz wohlmeinend sind, immer wieder arg im Ton vergreifen. Ich weiß darauf keine Antwort, möchte diese Frage bloß hinstellen; vielleicht weiß jemand etwas. Es muß ja Ursachen dafür geben, daß viele Eltern mit zweierlei Maß hantieren und ihre Kinder ganz anders behandeln als andere Menschen, mit denen sie privat, beruflich oder im Laufe des Alltäglichen Umgang haben. Warum ist man denn zum Postboten oder zu einer Verkäuferin freundlicher als zum eigenen Sohn? Warum mobben und diskriminieren Eltern ihre eigenen Kinder, während sie gegenüber Amtspersonen oder Vorgesetzten ein Ausbund an Höflichkeit sind?

Es gibt Menschen, die werden von Chefs oder Kollegen schlecht und ungerecht behandelt, werden an ihren Arbeitsplätzen gar vor Zeugen beleidigt und verhöhnt, und verhalten sich trotzdem im Anschluß daran freundlich gegenüber ihren Quälgeistern. Warum? Weil sie um ihren Job fürchten, weil sie von dem Chef, der sie anschnauzt, bezahlt werden. Wer zahlt, hat Recht, wer einstellen und feuern kann, ist der Stärkere. So ist es kaum vorstellbar, daß jemand seinen unzufriedenen und nörgelnden Direktor oder Abteilungsleiter mit barschen Worten tadelt: „Nicht in diesem Ton!" Oder: „Jetzt ist es aber gut! Noch so eine Frechheit und ..." Kaum ein Gescholtener würde seinem Vorgesetzten Konsequenzen androhen: „Wenn ich nicht sofort eine Entschuldigung höre, dann gibt es eine Woche lang keinen einzigen Bericht von mir! Ist das klar?!"

Auf eine solche Weise mit seinen eigenen Kindern umzuspringen, das ist dagegen für viele Eltern gar kein Thema, es ist geradezu eine Selbstverständlichkeit.

Vielleicht müßten Kinder reich zur Welt kommen und ihre Eltern für die zu erbringenden Versorgungs- und Erziehungsleistungen bezahlen. Es könnte dann nach Leistung vergütet werden, unter Aufsicht eines neutralen Treuhänders, der ab dem siebten oder achten Lebensjahr in den Hintergrund tritt und von da an nur noch in Streitfragen schlichtend eingreift. Es wäre ein Modell, das den Eltern durchgehend äußerstes Wohlverhalten abverlangen würde. Die zahlenden Kinder könnten sich einer absolut zuvorkommenden Behandlung sicher sein. Leider eine nicht realisierbare Utopie (woher sollte allein das dafür notwendige Geld kommen?), aber ein Gedankenspiel, das einmal mehr belegt: Wer nicht zahlt (sogar noch kostet!) und gleichzeitig körperlich und mental schwach ist, muß damit rechnen, wie ein Rechtloser traktiert und der permanenten Willkür seiner Eltern und Bezugspersonen unterworfen zu werden.

Insofern an dieser Stelle ein Vorschlag zur Güte: Behandeln Sie Ihre Kinder einfach so wie ihren Chef. Selbst wenn Sie den nicht mögen, Sie werden sich ihm gegenüber stets wohl verhalten und keinesfalls über die Stränge schlagen, geschweige denn ihm ins Gesicht. Auch werden Sie ihn nicht beleidigen, nicht im abgeschiedenen Zwiegespräch und erst recht nicht vor seinen Mitarbeitern oder gar öffentlich.

Wenn Sie sich an diese simple Regel halten, dann sind Ihre Kinder schon einmal halbwegs vor Ihnen sicher.

Würden rüpelhafte Eltern einen solchen Ratschlag beherzigen, ihren Kindern ginge es in der Tat um einiges besser. Zumindest sollten sich manche Eltern einmal fragen lassen, warum sie mit ihrem Chef nie so reden würden wie mit ihrem Kind, warum sie einen Chef, den sie vielleicht nicht einmal besonders schätzen, oft besser behandeln als ihren eigenen, an sich doch *geliebten* Nachwuchs. Und sollte die Antwort darauf wirklich und allein *Abhängigkeit* lauten, so müßte gleich folgende Frage nachgeschoben werden: Wenn man also, warum auch immer, täglich den Nachweis eines guten und höflichen Benehmens erbringt, warum kommt dieses Vermögen dann nicht auch in der heimischen Sphäre den eigenen Kindern zugute? Denn was man draußen beherrscht, das funktioniert drinnen mindestens genauso gut. Oder verlernt man etwa auf dem Nachhauseweg grundsätzlich und immer wieder die angemessenen Formen des Umgangs? Wer sich also korrekt verhalten *kann*, der kann sich auch korrekt gegenüber seinen Kindern verhalten. Die haben das ja nicht weniger verdient als ranghöhere Kollegen und Vorgesetzte, oder?

\* \* \*

Anschreien, demütigen, ignorieren – so zerstören Eltern das Vertrauen ihrer Kinder. Und damit ist nicht nur das Vertrauen, das Kinder in ihre Eltern setzen, gemeint, sondern vielmehr das sogenannte *Urvertrauen* (das die eigenen Eltern natürlich von Beginn an einschließt, aber eben auch über diese hinausgeht und weit in die Welt hineinreicht). Das Urvertrauen sagt: Alles ist gut, alles ist richtig. Ich bin gut und richtig, alle anderen sind es auch. Böses ist *undenkbar*. Das Urvertrauen unterstellt in selbstverständlicher Weise der einzelnen Person wie auch der Allgemeinheit den Willen zum Guten. Die unweigerlich im Laufe der Kindheit einsetzende Erkenntnis, daß Existenz endlich ist, die Bewußtwerdung des eigenen Todes und des Todes aller Nächsten wird dieses Urvertrauen ohnehin auf eine ziemlich harte Probe stellen, vielleicht sogar beschädigen. Und diese schmerzliche Schramme, die das Urvertrauen da bekommt, sollte eigentlich genügen, um den Heranwachsenden in seiner Seligkeit zu bremsen, zu ernüchtern. Später kommen ja dann auch fraglos noch die Einsichten über das Schreckliche und Scheußliche in der Welt hinzu; der junge Mensch begreift, daß nicht alle Gutes erstreben, daß Boshaftigkeit und Aggression mit Macht ihre Reviere beanspruchen, daß gequält und getötet wird an ungezählten Orten. Aber bis dahin *und gerade deshalb* sollte Kindern ein seelischer Schutz zuteil werden, der sie dafür rüstet, die unweigerlich einsetzenden Erkenntnisse hinsichtlich der Übel und Gefahren des Lebens auch aushalten zu können. Für das Weben dieses seelischen Schutzmantels aber sind zuallererst die Eltern zuständig. Auch andere Bezugspersonen wie Großeltern, ältere Geschwister, Kindergärtnerinnen und Tagesmütter können und sollen daran mitwirken. Die Eltern sind jedoch immer Fuß und Rahmen dieser Arbeit, weshalb es ihnen auch überhaupt nicht zukommt, das besagte Gewebe mit Absicht oder aus reiner Überheblichkeit zu vernachlässigen oder gar durch unnötige Einrisse und Flecken dem Verderben preiszugeben.

Noch verwerflicher ist es, wenn in vielen Familien sogar die den Kindern *angeborenen* Schutzschleier bereits in den ersten Lebenswochen und -monaten zerfleddert und zerschlissen werden. Mit welcher Wucht elterliche Wut und Mißachtung schon die Kleinen und Kleinsten trifft, ist ein unbegreifliches wie unfaßbar trauriges Kapitel im Fahrtenbuch kindlicher Entwicklung. Der natürliche Schutzraum der Kindheit wird da, teils fahrlässig, teils mit Vorsatz, ausgetauscht gegen eine emotionale Wüste, in der weder Unbekümmertheit noch Zuversicht gedeihen können.

Im Grunde ist es aber doch ganz einfach. Auch in der Erziehung sollte der Satz gelten: *Was du nicht willst, das man dir tu', das füg auch keinem andern zu.* Also frage man sich hin und wieder, ob man gerne so behandelt werden würde, wie man sein Kind behandelt.

Diese schlichte und jederzeit anwendbare Praxis der Selbstbefragung würde schon helfen, viel kindliches Leid einzusparen. Denn wer würde schon die Frage, ob er gerne mit respektloser Ruppigkeit behandelt werden möchte, ob er mit einer Ansprache wie auf dem Kasernenhof einverstanden wäre, ob er sich vorstellen könnte, vor Publikum streng gemaßregelt und beleidigt zu werden, mit JA beantworten? Erst recht würde kaum jemand akzeptieren, wegen eines Widerworts oder eines Mißgeschicks geohrfeigt zu werden. – Mithin sollte es einem dann leicht fallen, derartige Vorgehensweisen gegenüber seinen Kindern zu unterlassen. Und doch scheint die Versuchung, die in vielerlei Hinsicht schwächere Position eines Kindes auszunutzen, also eine regelrechte Herrschaft auszuüben, die mangels effektiver Gegenwehr rundherum ungefährdet ist, in manchen Elternkreisen extrem groß zu sein. Und es ist da wohl wirklich zuallererst die körperliche Unterlegenheit von Kindern, die Eltern zum Machtmißbrauch einlädt. Wie bereits entworfen: Wäre ein Fünfjähriger zwei Meter groß und obendrein ausgebildeter Boxer, er könnte zu einhundert Prozent mit einer deutlich besseren Behandlung durch seine Eltern rechnen. Wäre er dann noch reich und wären seine Eltern wirtschaftlich von ihm abhängig, sie würden ihn in einer Sänfte durch die Welt tragen und keinen seiner Wünsche unerfüllt lassen. Aber da Kinder weder über nennenswerte Körperkraft noch materielle Reichtümer verfügen, müssen sie es sich gefallen lassen, allenthalben im Kommandoton angeherrscht, aus nichtigen Gründen drakonisch bestraft oder als stets disponible Blitzableiter elterlicher Frustrationen mißbraucht zu werden.

Wie viel Kindheit spielt sich in den von Eltern immer wieder neu entworfenen Drohkulissen ab? Die Drohung, das bewährt-berüchtigte *wenn ... dann!*, die Ankündigung empfindlicher Strafen bei Versagen oder Ungehorsam – all dies führt unweigerlich zur Verkettung von Unterwerfung und Vorteil im wachsenden Wertbewußtsein des Kindes. Wer Drohungen ausspricht, tut dies auch, um sich selbst sicher und unantastbar zu fühlen. Die Angst vor dem Zorn der Eltern muß deshalb bei den Kindern immer wieder aufs Neue geschürt werden, damit die (irrationale) Furcht der Mächtigen vor einer Rebellion der Schwächeren im Zaum gehalten werden kann. Aus Drohung wird aber bald *Bedrohung*. Erzeugte Zwangslagen und Furcht verwandeln Erziehung schnell in permanentes Unrecht. – Ein entsprechendes *Unrechtsbewußtsein* ist allerdings bei den meisten Eltern eher spärlich ausgeprägt. Im Gegenteil: Eltern haben immer Recht. Eltern sind immer im Recht. Da haben die Kleinen keinen Mucks von sich zu geben. Je kleiner und schwächer man ist, desto weniger hat man eben zu melden. Das erleben die Erwachsenen ja auch von früh bis spät in ihrer Welt. Und so wie sie an ihren Arbeitsstellen den von oben auf sie einwirkenden Druck oft an die unteren Ebenen weiterleiten, so glauben sie in ihren Kindern gleichsam unterstellte Personen zu erkennen, an die sie die Last des Lebens, die Plagen und Rempeleien des Schicksals mit Fug und Recht weitergeben können. Wer genervt ist, darf unfreundlich sein – erst recht zu seinen Kindern.

Die Welt, sie ist eben kein Paradies, das Leben kein Zuckerschlecken – und damit das auch so bleibt, kann man gar nicht früh genug damit beginnen, den Kindern das begreiflich zu machen. Die haben sich einfach mal ganz hinten anzustellen. – Und in diese Richtung denken ja durchaus auch schon an sich wohlmeinende und im Grunde halbwegs gutmütige Eltern. Viel schlimmer aber noch sind die Eltern, die ihre Kinder als Ballast empfinden, die in ihren Kindern Bremsklötze für die Verwirklichung ihrer Lebensträume sehen. Solche Eltern meinen, sich für ihre Kinder *aufzuopfern* und erwarten von diesen unablässig Dankbarkeit dafür. Und wenn es zu Willkürakten kommt, erwarten diese Eltern Nachsicht von ihren Kindern. Schließlich muß wer versorgt, ernährt und eingekleidet wird, auch mal was in Kauf nehmen können: eine Ohrfeige zum Beispiel, ein brachiales Angebrüll oder die Stornierung einer ersehnten Unternehmung. –

Die Frage, wie gehen wir mit (unseren) Kindern um, ist dabei gleichzeitig auch die Frage, wie wir alle überhaupt miteinander umgehen. Gehört gutes Benehmen der Vergangenheit an? Sind Höflichkeit und Respekt Tugenden, die man höchstens noch in alten Schwarz-Weiß-Filmen bestaunen kann? Soll *Würde* uns bloß noch eine exotische Vokabel sein?

\*\*\*

Wenn Kinder weinen, haben Erwachsene meistens etwas falsch gemacht. Manchmal hören Erwachsene selbst dann nicht mit ihrem Fehlverhalten auf, wenn ihre Kinder weinen. Oft machen Erwachsene also alles noch schlimmer. Und es gibt Erwachsene, die glauben, sie hätten sogar ein naturgegebenes Recht dazu, alles noch schlimmer zu machen. Erwachsene fühlen sich ohnehin meistens im Recht. Jedenfalls gegenüber ihren Kindern. Elternschaft ist eine Lizenz zum Recht haben. Die unsichtbare und doch unablässig ausstrahlende Monstranz des Sich-immer-im-Recht-Befindens ist ein Insigne, das Eltern auf dem Weg der Erziehung ihrer Kinder niemals und unter keinen Umständen ablegen. Und das Im-Recht-sein geht ja noch weit über das bloße Rechthaben hinaus: Es enthält das Rechthaben zwar, aber es *braucht* nicht das Rechthaben für seine Entfaltung im Umgang mit anderen Menschen. Selbst den Unwissenden und Ahnungslosen genügt die Überzeugung des Im-Rechtseins für die Erhaltung und Erklärung ihrer Machtausübung gegenüber Kindern. Hier herrscht das *Prinzip*, das eben nicht durch ein Rechthaben, sondern immer durch das Im-Recht-sein begründet wird. Mit diesem Prinzip regiert, wer von sich selbst annimmt, *prinzipiell* immer im Recht zu sein. Und wer sich im Recht sieht, hat auch Recht. Und selbst wer in einem Fall wissentlich nicht Recht hat, kann und wird sich innerlich immer auf sein Im-Recht-*sein* berufen und damit das eigene Handeln legitimieren. Daraus erwächst ein bedeutender Teil elterlicher Arroganz.

Nun mag manch ein Leser, der meinen Ausführungen bis zu dieser Stelle gefolgt ist, und dabei die ganze Kritik an beträchtlichen Teilen des Elterntums und der Elternschaft ausgehalten hat, vielleicht die Mutmaßung anstellen, ich würde ab und an Gefahr laufen, mit Übertreibungen zu hantieren. Mein zuweilen aufgebrachter Tonfall könnte einem solchen Gedanken durchaus Nahrung bieten. Daher möchte ich nicht versäumen, zu bemerken, daß ich selbst der Auffassung bin, eher zu *untertreiben*. Und zwar schon deshalb, weil ich als einzelner Mensch ja nur einen winzigen Bruchteil des aus meiner Sicht verwerflichen Elternhandelns persönlich bezeugen kann. Verfügte ich über ein allsehendes Auge, würde also das berühmte Mäuschen in millionenfacher Multiplikation sein, das synchron alle Orte, an denen Kinderschicksal sich vollzieht, beobachten könnte, mein Text müßte mit Sicherheit noch ganz anders ausfallen. Und so bin ich beinahe froh, nicht über diese Fähigkeit zu verfügen; das, was mir im Alltag begegnet, das, was ich zudem höre und lese, das reicht mir. Das ist schon viel. Und eigentlich *zu viel*.

Übertreibungen erlebe ich vielmehr und immer wieder aufseiten der Eltern. Maßlose Übertreibungen. – An der Ostsee. Touristen tummeln sich zwischen mannigfachen Imbißlokalen und Postkartenständern, strömen der Steilküste zu, um das Meer anzuschauen. Hufe schlagen wie träge Kastagnetten auf den warmen Asphalt, in den Kutschen sitzen Familien, Senioren, Paare und lassen sich zum Leuchtturm ziehen, während ihre Autos auf dem zwei Kilometer entfernten Sammelparkplatz die pralle Sonne tanken. Ich bin zu Fuß unterwegs und schlendere müßig herum, da fällt mir ein Junge auf, der fröhlich und ganz unbekümmert auf verzierten Steinplatten herumhüpft, die im Schatten des Leuchtturms wie ein großes Schachbrett in den Boden gesetzt wurden. Das Fliesenareal ist mit einem niedrigen Holzgatter umfriedet, das augenscheinlich die Tritte der Besuchermassen fernhalten soll. Ein Betreten-Verboten-Schild ist allerdings nicht auszumachen. Der Junge, er dürfte gut 5 Jahre alt sein, hopst also leichtfüßig über diese Platten. Mit ihm vor Ort: seine Eltern. Als die Mutter das Treiben ihres Sohnes bemerkt, explodiert sie auf der Stelle. Ohne Umschweife wird der Junge von seiner Mutter wütend beschimpft. „Geh sofort da runter! Siehst du nicht die Absperrung! Das ist nicht erlaubt!" Und: Es werden ihm zudem Vorhaltungen gemacht, die sich offensichtlich auf weitere Verfehlungen beziehen, die er im Laufe der letzten Minuten begangen haben muß. Zum Beispiel: „Als du auf dem Leuchtturm angekommen bist, wolltest du gleich wieder runter und dann willst du wieder rauf!"

Erschrocken und betreten, aus seiner verspielten Versunkenheit abrupt herausgerissen, stakst der kleine Mann eilig über das Gatter, um der verbotenen Zone zu entkommen. Das nützt ihm aber nichts. „Du hörst überhaupt nicht!", schimpft die Mutter immer wieder. –

*„Du hörst überhaupt nicht!"* Was soll das heißen? Was soll *das* eigentlich heißen? Hätte die Mutter Recht, dann wäre der Junge ja taub. Und tatsächlich gibt es ja auch diesen bei vielen Eltern sehr beliebten Kinder-Beschimpfungs-Satz: „Bist Du taub?!"

Sollte der Junge also besser in ärztliche Behandlung? – Natürlich ist damit gemeint: Du gehorchst überhaupt nicht! Du gehorchst MIR überhaupt nicht! Du widersetzt dich meinen Wünschen, Anordnungen, Befehlen. Das steht dir nicht zu! Das ist eine Regelverletzung, ein Vergehen, ein Mißachten meines Herrschaftsanspruches, der doch uneingeschränkt und absolut ist!

Zunächst: Auch wenn ein Betreten jener Marmorplatten möglicherweise nicht gestattet ist, so kann man doch annehmen, daß diese durch die Berührung mit einem 12 Kilo-Kind, dessen Füße in gummierten Turnschuhen stecken, kaum zu beschädigen sind.

Während der mütterlichen Beschimpfungen, die minutenlang anhalten – der Vater steht wie so oft in solchen Fällen stumm daneben – zeigt der Junge nur sehr leichte, kaum wahrnehmbare Gegenreaktionen: eine vorgeschobene Unterlippe, eine leise Bekundung des Mißfallens, fast nur ein Grummeln. Aber genau das reicht für die Mutter schon aus, um ihrem Sohn nun „Terror" vorzuwerfen, Terror, den er dauernd veranstalte und sofort zu beenden habe ... Die einzige Person im ganzen Rund, deren Gebaren man mit dieser Verhaltensbeschreibung hätte belegen können, ist die Mutter des Jungen. *Tyrannisch* würde in diesem Fall eigentlich noch besser passen, treffender sein. Schließlich entscheidet die Mutter, den Aufenthalt am Leuchtturm abzubrechen und zum Parkplatz zurückzukehren. Vater und Sohn trotten hinterher.

Keine fünf Minuten später höre ich, wie das nächste Kind von seiner Mutter zurechtgewiesen und angezetert wird: „Ich bin doch nicht dein Almosen-Mensch!" Der kleine Junge an ihrer Seite hatte offensichtlich irgendeine Zuwendung gefordert oder vielleicht auch nur *erbeten*, eine Süßigkeit etwa oder ein Spielzeug. Der Vorlauf dieser Ansprache war mir entgangen. Um welchen Wunsch es auch immer ging, die Mutter lehnte dessen Erfüllung strikt ab, weil sie kein „Almosen-Mensch" sein will. Was das sein soll, ein „Almosen-Mensch", ist nicht ganz klar, offensichtlich aber soll es heißen, daß man nicht dazu da ist, seinem Kind etwas Gutes zu tun. Die verlangte Zuwendung oder Handlung wäre also aus Sicht der Mutter ein Almosen gewesen. Und Almosen hat man eben nicht zu verteilen, auch nicht an das eigene Kind. Selbst wenn dieser kleine Zwischenfall, den ich im Vorübergehen flüchtig mitbekam, ganz gewiß nicht zu den besonders drastischen gezählt werden kann, so zeigt er dennoch deutlich, mit welcher Überheblichkeit, mit welcher grundsätzlichen Ablehnung Eltern ihren Kindern häufig begegnen.

Ganz gleich was Kinder wünschen, welches Bedürfnis sie artikulieren, welchen Vorschlag sie machen, es wird ihnen die Rolle des Bittstellers zugewiesen. Und wie behandelt man Bittsteller? Man kanzelt sie ab! Man scheucht sie weg wie ein lästiges Getier. Ist man guter Laune, so kann per elterlicher Gnade auch mal ein Gesuch angenommen werden. *Aber die Welt ist eben kein Paradies, das Leben kein Zuckerschlecken. Je früher das begriffen wird, desto besser. Zudem haben sich Kinder einfach grundsätzlich hinten anzustellen. Sollen sie doch froh sein, daß ... usw. usf.* So tönt er nicht selten, der Kanon der selbstzufriedenen Väter, der selbstgerechten Mütter, die dabei oft mehr Vorgesetzte ihrer Kinder sind als deren Eltern.

Schon der folgende Morgen liefert mir einen weiteren Beleg elterlicher Willkür: Im Frühstücksraum des Hotels erzählt eine Kellnerin einem weiblichen Gast von ihrem Kind. Alleinerziehend sei sie, der Junge gerade fünf geworden, es gäbe immer viel zu tun usw. Das Gespräch findet zwei Tische entfernt von mir statt, ich verstehe mühelos jedes Wort. Und jetzt kommt es! Mit regelrechtem Stolz und einem gewissen triumphalen Unterton in der Stimme berichtet die Frau davon, daß sie abends, wenn der Junge zu schlafen habe, immer die Tür seines Zimmers abschließen würde. Warum? Damit er weiß: „Jetzt hat Ruhe zu herrschen. Ihm soll gar nicht erst einfallen, wegen irgendetwas noch einmal herauszukommen." – !!!

Ich sitze da und höre das und bin fassungslos. Das ist im Grunde schon kriminell. Nein, nicht im Grunde. Es ist einfach *kriminell.*

Will die Mutter nicht gestört werden, sperrt sie ihr Kind einfach ein. Schlafen hinter Schloß und Riegel. Was, wenn ein Alptraum den Jungen heimsucht? Was, wenn er auf Toilette muß, krank wird, Durst hat usw.? Und diese Frau war vollständig überzeugt von ihrem Handeln. In der ganzen Art und Weise ihres Vortrags war nicht der geringste Zweifel, nicht eine Spur schlechten Gewissens auszumachen.

Nun, in diesem Fall war nicht einmal ein Kind dabei, es kam lediglich zur Sprache. Und doch wurde jener Junge durch die belauschten Schilderungen der Mutter ganz präsent, er war geradezu anwesend. Ich sah ihn vor mir, wie er in seinem Bettchen lag, im dunklen Zimmer. Ich hörte die Umdrehung des Schlüssels, das Klacken des Schlosses, spürte das Dröhnen der anschließenden Stille. Was für ein Akt der Abtrennung das ist, welch eine Abweisung! Eine allnächtliche Isolation. Der kleine Junge wird gelernt haben: Wenn die Sonne untergeht, verwandelt sich sein Kinderzimmer in einen Kerker.

Ich beschreibe bloß die besonders exemplarischen oder eindringlichen Vorkommnisse dieser kleinen Reise an die Ostsee. Denn überall dort, wo Ferien gemacht werden, also viele Eltern mit ihren Kindern unterwegs sind, kann man die Unarten und Verfehlungen der Erwachsenen mitunter im Minutentakt studieren. Es passiert ständig und unablässig. Überall wird zur Ordnung gerufen, gemaßregelt, kommandiert, angeschrien, beleidigt, gedroht, gepöbelt und verhöhnt. Rechne ich dann all diese dennoch zufällig und en passant bezeugten Fälle vorsichtig hoch, dann wird mir schon wieder und einmal mehr ziemlich mulmig zumute.

Ein neuer Tag, die nächste Szene. Im Restaurant.
Man kann das schon klassisch nennen: Ein Junge, 5 oder 6 Jahre alt, soll seine Mahlzeit aufessen. Begründung der beisitzenden Eltern: Er habe sich das ja selbst ausgesucht und bestellt. Dazu werden natürlich die ewig gleichen Drohungen ausgesprochen: Das ist dein Abendessen, wenn du das nicht ißt, dann gibt es heute nichts anderes mehr! usw. usf.[1] Jedoch: Es

---

1  Würden die Eltern eine im Restaurant bestellte Mahlzeit etwa aufessen, wenn es ihnen nicht schmeckt oder sie sich einfach satt fühlen?

schmeckt dem Jungen nicht, er will den Verzehr abbrechen. Die Eltern bleiben hart und reden gemeinsam auf den Jungen ein. „Außerdem bin ich satt!", versichert er mehrfach. Doch seine Gegenwehr ist völlig fruchtlos. Nach drei Gabeln könne er nicht satt sein. Der Ton beider Elternteile wird immer schärfer. Schnell kommt es zu Streit und Tränen (verrückt, was Eltern bereit sind, an schlechten Gefühlen und Stimmungen bei sich und ihrem Kind in Kauf zu nehmen für die Verhandlung einer Petitesse!). Ich sitze nicht weit entfernt von diesem traurigen Geschehen, verstehe jedes Wort, überlege einzugreifen. Doch eine Kellnerin wird aufmerksam und kommt mir zuvor, versucht zu schlichten. Zuerst probiert sie es mit dem etwas unpassenden, ganz im Sinne der Eltern formulierten Satz: „Schau, deine Eltern haben doch ihr Essen auch aufgegessen". Daraufhin stößt der Kleine bloß heulend hervor: „Aber es schmeckt mir doch nicht!" Alle schauen nun etwas betreten. Aber nur einen Augenblick lang. Schnell findet die Mutter die belehrenden Worte wieder: „Du wolltest das haben. Und ich hab dich noch gefragt: Na, ob dir *das* schmecken wird?" Ihr Tonfall ist weniger streng als zuvor; wahrscheinlich, weil nun die beherzte Bedienung am Tisch steht und die Lage daher nach Möglichkeit nicht eskalieren soll. Ich kann zwar alles hören, aber nicht erkennen, was der Junge da eigentlich auf dem Teller hat. Er begründet seine Ablehnung: „Das ist so trocken, das schmeckt wie Kreide!" – „Hätte der Junge vorhin nicht die ganze Zeit über Kekse gegessen, dann würde ihm das jetzt auch schmecken!", wirft der Vater ein. Man will offensichtlich nicht ablassen von dem Jungen und die Nahrungs-Diskussion unge-

---

Natürlich nicht! Sie würden es stöhnend beiseite schieben oder sich beim Personal beschweren. Und selbstverständlich würden sie später (beim Fernsehen z. B.) noch weitere Nahrung zu sich nehmen, erst recht, wenn es im Restaurant nicht geschmeckt hat, allein schon aus kompensatorischen Gründen.

rührt fortsetzen … Die Mutter will sich nun rechtfertigen, weil sie die Kekse ja am liebsten im Auto gelassen hätte etc. usw. und dergleichen mehr. Der Vater gibt zu bedenken, daß das verschmähte Essen des Sohnes 12 Euro kosten würde. Der Junge weint leise vor sich hin. Die Kellnerin hat schließlich einen rettenden Einfall und erlöst den Jungen, indem sie ihn samt halbvollem Teller einfach von dem Schauplatz der Misere entfernt: „Komm, wir fragen den Koch, ob er eine leckere Sauce hat, die wir da noch drüber machen können." Nach kurzer Weile kehren sie zurück, ohne Teller, die Serviererin sagt bloß: „So, nun ist alles weg, die Sauce war genau das richtige." Die Eltern schauen erst mißtrauisch (hat sich ihr ungezogener Sohn etwa mit Hilfe der Kellnerin um den vollständigen Verzehr seiner von ihm selbst erwählten Mahlzeit gedrückt?), bleiben aber ruhig. Die Situation ist immer noch angespannt, aber grundsätzlich deeskaliert worden – durch eine mutige, geistesgegenwärtige Kellnerin. Sie hat den Jungen tatsächlich befreit, ihn dem aberwitzigen Druck und den Drohgebärden seiner Eltern entzogen. Und durch die Verlagerung des Geschehens in die von den Eltern nicht einsehbare Küche hat sie dem Jungen offensichtlich die Einnahme des Essens erspart und gleichzeitig dafür gesorgt, daß die Eltern ihren Terror einstellen mußten; da diese ja schließlich eine fremde Person kaum der Lüge bezichtigen werden. So ist die Kellnerin zur Heldin geworden (ein Beispiel für Zivilcourage!).

Es ist schon furchtbar, in welche Not- und Zwangslagen manche Eltern ihre Kinder bringen. Kinder sind ihren Eltern ganz und gar ausgeliefert. Was ihnen auch zuteil wird, ob Gutes oder Schlechtes, sie können es einfach nur hinnehmen. Kinder haben keine Wahl. Stellt das Schicksal sie unter die Obhut gütiger und herzlicher Eltern, so haben sie Glück. Werden sie dagegen in die Dunstkreise kleinlicher Krämer, liebloser Ignoranten oder gar gewalttätiger Soziopathen hineingeboren, haben sie schlicht Pech und werden erhebliche Teile ihrer Kindheit in den Verliesen der Verzweiflung verbringen müssen.

\*\*\*

Jeder weiß, wie es sich anfühlt, in einer Diktatur zu leben. Denn jeder war einmal ein Kind. Ganz gleich also in welcher Staatsform ein Erwachsener lebt, immer hat er Diktaturerfahrung. Ob in einem Indianerstamm, in einer Demokratie oder einem Militärregime: Als Kind erfährt man den absolutistischen Herrschaftsanspruch der Eltern. Das klingt nun vielleicht dramatischer als es vielfach wirklich ist. Aber ich möchte zunächst auch keine Anklage aus dieser Feststellung ableiten. Es geht mir schlicht um die Feststellung an sich und darum, daß wir sie einmal bedenken und uns ihre Konsequenz bewußt machen: Jedes Kind erlebt Diktatur.

Kindheit ist immer nur so frei, wie wir sie als Kind empfinden und später erinnern. Von außen betrachtet ist *jede* Kindheit eingebettet in das absolutistische Herrschaftssystem der Eltern.

Diese Herrschaft ist naturgegeben und *dient* vornehmlich dem Schutz der Kinder. Denn im Falle von Gefahr ist es lebenswichtig, daß die Kinder auf ihre Eltern hören (am besten, weil sie ihnen vertrauen, nicht weil sie sie fürchten). Rennt ein Kind blindlings auf einen Abgrund zu, muß es stehen bleiben, wenn die Eltern „Stop!" rufen – sonst ist es verloren.

Nun gilt für Kinder auch, was für Erwachsene gilt, die in diktatorischen Staatsformen zu Hause sind: Das Leben in totalitären oder autokratischen Systemen muß für den Einzelnen nicht immer schlecht sein. Es hängt ganz davon ab, an welchen Platz einen das Schicksal innerhalb einer Diktatur gestellt hat und mit welcher inneren Haltung man diesen Platz einnimmt. Ist man ein Mitläufer, ein heimlicher oder offener Gegner, ein Privilegierter, ein mit Machtbefugnissen ausgestatteter Teil des Apparates? Je nachdem kann man es schwer haben in solchen Strukturen, darunter leiden, davon aber auch profitieren und die immanente Unfreiheit überhaupt nicht empfinden. Auch spielt die Frage eine Rolle, wie drakonisch eine Diktatur auftritt, mit welchen Mitteln und Maßnahmen sie sich durchsetzt. Haben wir es mit einer im Grunde milden und gütigen Altvater- oder Urmutterherrschaft zu tun, die nur in Zweifelsfällen keine Widerworte duldet, oder mit einem brachialen Terrorregime, das völlig willkürlich seine Macht ausagiert und in all seinen Vorgehensweisen nahezu unkalkulierbar ist? Ist es das Modell „Gerechter Kaiser" oder „Kalter Despot"?

Wer Glück hat, lebt im Lande eines Märchenkönigs, der zwar auch absolut herrscht, aber viel Entfaltung und Libertät erlaubt, der Spielräume einrichtet und eigenes Vergnügen mit Wonne teilt. Doch vollziehen sich wohl die wenigsten Kindheiten in solchen *„Ludwig-Reichen"*. Man darf schon froh sein, wenn Kinder einer elterlichen Regentschaft unterstehen, deren Charakter derartig *souverän* ist, daß es im Miteinander nimmer zu einem Mangel an Würde, Respekt und Offenheit kommen kann. Doch wie oben bereits angemerkt: Kein Mensch, kein Kind hat die Wahl. Es ist stets eine reine Glückssache, ein Roulette-Spiel: Entweder läuft es für die Kinder einigermaßen gut und sie geraten in ein halbwegs gerechtes und freundliches Regime oder sie sehen sich einer rigorosen Terrorherrschaft ausgesetzt.

Die absolute Macht der Eltern wird für die Kinder immer dann zur Qual, wenn diese mißbraucht wird. Es ist letztlich ja immer der Machtmißbrauch, der in pyramidalen Systemen (aber nicht nur da!) für Not und Unglück unter den Schwächeren, unter den Wehrlosen sorgt.

Insofern möchte ich feststellen: Eltern haben immer (nahezu uneingeschränkte) Macht über ihre Kinder; wer aber mit Macht nicht umgehen kann, der sollte keine Kinder bekommen.

Ein jeder von uns war einmal Kind. Und ganz gleich, ob man eine weitgehend harmonische oder eine überwiegend harte und bedrückende Kindheit verlebt hat, sich an die eigene Ohnmacht in diesen Zeiten zu erinnern, sollte niemandem schwerfallen. Für ein Kind gibt es keine Fluchtmöglichkeit, es muß im Herrschaftsbereich der Eltern bleiben (es gibt keine Reisefreiheit!). In diesem Herrschaftsbereich ist ein Kind zahllosen Vorschriften unterworfen, die mitunter auch die alltäglichsten und bedeutungsärmsten Angelegenheiten bis ins Detail hinein regeln und festlegen. Was man anziehen muß, was man wann und in welcher Menge essen muß, wohin man gehen oder mitkommen muß – solche und tausend andere Dinge mehr werden bestimmt und befohlen. Aber auch Gewichtigeres wird einem Kind als selbstverständliche Verordnung vermittelt: Glaube, Religion, Weltanschauung. Hier wird nach dem Grundsatz *cuius regio, eius religio* verfahren. Die Kinder müssen meistens mit dran glauben.

Alles hier Aufgezählte will ich nun gar nicht zwingend mit meiner Kritik belegen. Vieles muß ja tatsächlich von den Eltern geregelt und geleitet (im besten Falle *begleitet*) werden, weil Kinder ja ohne Frage ein gewisses Maß an Orientierung brauchen, um den durch das geringe Lebensalter bedingten Mangel an Übersicht und Vorausschau kompensieren zu können.

Mir geht es an dieser Stelle vielmehr darum, einmal zu bedenken, daß Kindsein immer auch Leben in Leibeigenschaft bedeutet. So oder so. Über ein Kind wird bestimmt, verfügt, geherrscht. Manchmal offen und ganz vordergründig, manchmal hinterrücks, listig und verborgen. Mal mit Druck, mal mit Erpressung (faktisch und emotional), mit Strafe, Drohungen, mit Aufmerksamkeitsentzug, mit Bedingungen, Schuldzuweisung, aber auch mit Belohnungen und Prämien für konformes und erwünschtes Verhalten. Da gibt es den (An-)Pfiff, den Befehl, die Rüge. Da gibt es auch Lob neben dem Tadel, und Spiele. Manchmal machen sich die Herrschenden auch ein wenig lustig, zum Beispiel wenn es ums Scheitern geht oder um Angst. Folgen, hetzen, mitlaufen, egal wann und egal wohin, eine Selbstverständlichkeit. Lange Leine, kurze Leine. Klaps, Schlag, Prügel, alles kann passieren. Eltern behandeln ihre Kinder wie Hunde.

Freiheit findet wohl statt in der Kindheit, aber sie wird nur *gewährt* und kann daher auch eingeschränkt oder gar entzogen werden – und zwar zu jeder Zeit und aus jedem beliebigen Grund. Auch dieser Umstand spricht für eine Analogie zu einem autoritären Staatsregime, das ja auch nach Gutdünken Freiheiten einschränken, zumindest neu und anders definieren kann. Was wann warum und in welchem Umfang gestattet wird, darauf hat ein Kind keinen tatsächlichen Einfluß. Und hier sehe ich also den Grund dafür, daß letztlich jeder Mensch einmal erlebt hat, wie es sich anfühlt, in einer Diktatur zu leben, nämlich während seiner Kindheit.

Bis zu einem gewissen Alter der Kinder sind Eltern bzw. Erwachsene (Jugendamt, Behörden etc.) ihre absolutistischen Herrscher, die einfach alles diktieren, wenigstens alles diktieren *könnten*. Vielfach merkt man es als Kind ja nicht einmal, daß man in einer *Diktatur* lebt, weil man die Verhältnisse schlicht und grundsätzlich für gott- oder naturgegeben hält. Zudem bekommt ein Leibeigener Schutz und Fürsorge von seinem Lehnsherren, im Normalfall also auch ein Kind von seinen Eltern. Das Leben im elterlichen Staat muß also nicht zwangsläufig als unschön oder bedrückend empfunden werden, nur weil dieser Elternstaat von seiner Anlage her ein diktatorischer ist. – Sind wir nun selbst Eltern, und damit möchte ich hier endlich auf den Punkt dieses Absatzes kommen, so sollten wir uns immer wieder bewußt machen, daß unsere Kinder, besonders wenn sie noch recht klein sind, uns in nahezu völliger *Ohnmacht* anheimgegeben sind. Daraus sollte resultieren, daß wir uns darum bemühen, unsere Kinder diese Ohnmacht so wenig wie möglich spüren zu lassen und sie respekt- und würdevoll zu behandeln, wie es sich für Herrscher geziemt, die sich nicht an ihrer Macht berauschen, sondern vielmehr gütig, liebend und sorgenvoll ihren Untertanen zur Seite stehen.

Da wo Eltern ihre Macht mißbrauchen, sei es mit Vorsatz oder aus purer Gedankenlosigkeit, werden Kinder immer deformiert. Das geschundene Kind wird vielfach Aggressionen entwickeln, die sich jedoch nur selten gegen die eben dafür verantwortlichen Eltern richten, sondern nahezu ausschließlich gegen sich selbst – oder gegen andere Kinder. Manchen gelingt der Ausbruch aus dem Elternhaus, aber häufig genug ist es ein Weg vom Regen in die Traufe. So sehen wir Straßenkinder als Flüchtlinge aus der elterlichen Diktatur, die oft über Wochen und Monate hinweg vergeblich Asyl suchen und in ihrem Elend ohne Verstrickungen kaum durchkommen können.

\* \* \*

Wenn es in Deutschland um Kinder geht, geht es zuallererst um ihre Zahl (Geburtenrate) ... und um ihre Bildung, damit sie in der konsumistisch-globalistischen Funktionsgesellschaft auch verwendbar sind. Nie geht es um ihre Würde, um ihre Art zu sein und zu leben, um ihre Integrität, um ihren Schutz. – Emsig wird diskutiert: Wieviele Kinder braucht das Land, damit *unsere* Rente zusammengeschuftet werden kann? Können wir dafür Kinder aus dem Ausland verpflichten? Familienimport für sichere Renten? Und eine gute Bildung müssen sie haben, damit sie später genug verdienen für die Begleichung der Ruhegelder.

Statistisch sind Kinder enorm gefragt, denn am Ende sollen die Bilanzen stimmen. Man benötigt den Nachwuchs morgen und übermorgen schließlich als Arbeiter und Dienstleister, als Verbraucher, als Einzahler. Aber wie es den kleinen Garanten künftigen Wohlstands geht, wie sie behandelt werden, unter welchen Umständen sie sich entwickeln müssen, das alles ist kein Thema. Wenn da was aus dem Ruder läuft (und es jemand mitbekommt), dann gibt es dafür ja die Ämter – oder Heime und Kliniken, wenn es ganz schlimm kommt.

Eine kollektive Aussprache, die sich damit beschäftigt, wie in diesem Land mit über 10 Millionen Menschen tagtäglich umgegangen wird, findet nicht statt. Petitessen und Marginalien erregen die (öffentlichen) Gemüter, während im Verborgenen ungezählte Kinder Leid und Elend ausgesetzt sind, schikaniert und auf vielfache Weise malträtiert werden.

In unfaßbarer Verstiegenheit werden in Presseartikeln und Bezirksparlamenten Sonder-Toiletten für Personen mit changierender oder verschwommener Geschlechtsidentität diskutiert. Massive Unterstützungsmaßnahmen, initiiert für gesellschaftliche Kleinstgruppen. Mit großem Ernst behandelte Bagatellen pachten die Aufmerksamkeit. Und ich halte genau das für ein treffendes Beispiel. Denn: Statt über Toiletten für Transsexuelle zu debattieren, könnte man vielleicht mal darüber nachdenken, Kinder-Toiletten einzurichten, die größenangepaßt sind und besonderen Reinigungsvorschriften unterliegen, damit die Kinder, wenn sie mit ihren Eltern unterwegs sind, nicht immer die stinkenden und völlig verdreckten Aborte der Erwachsenen mit benutzen müssen.

Doch wen kümmert das? Kinder sind zwar Konsumenten, aber keine Wähler. Kinder können sich nicht einbringen in den öffentlichen Diskurs, sie haben keinen Zugang zum gesellschaftlichen Meinungsboulevard. – Und für die Erwachsenen sind Kinderschicksale nur dann ein Thema, wenn sie sich weit weg vollziehen, in anderen Ländern und Weltteilen, da wo Ausbeutung und Krieg und Hunger herrschen. Damit befassen sie sich, ab und zu jedenfalls – immerhin. Und die Kinder hierzulande, in Deutschland, in den westlichen Industrienationen? Wie geht es diesen Kindern? Wie leben sie, wie werden sie behandelt? Was ist mit ihrer Integrität, ihrem Recht auf Unversehrtheit?

Um die medialen Meuten für einen kurzen Moment lang aufheulen zu lassen, muß schon ausgeprägte kriminelle Energie im Spiel sein, es muß um Kindermord gehen oder systematischen Mißbrauch in Einrichtungen und Institutionen. Es scheint fast so, als würden die Schatten dieser monströsen Verbrechen die alltägliche Verzweiflung vieler Kinder überdecken und damit belanglos machen. Alles, was nicht eindeutig als kapitales Delikt eingestuft werden kann, ist offenbar nicht der Rede wert. Unterdrückung, Ausfälle, Übergriffe – reine Privatsache, solange man sich einigermaßen an geltendes Recht hält oder es eben niemand bezeugen kann. Doch Kinder können eben auch verletzt werden, ohne daß ein Gesetz verletzt wird. Und dies ist umso leichter, je mehr es den Kindern an Fürsprache und Verbündeten in der Gesellschaft mangelt. Wer spricht für Kinder? Wer steht wirklich hinter ihnen, hinter den Kindern als Gruppe? Und wer würde dabei über die Relevanz und das Gewicht verfügen, elterliches Fehlverhalten wirksam zu ächten? Kinder haben keine Lobby. Dabei gibt es eigentlich für alles und jeden eine Lobby, für jede Partikel der Gesellschaft gibt es Heerscharen von Lobbyisten, die sich für alles Mögliche einsetzen, aber eben nicht für Kinder. Lobbyisten für Windräder und Waffen, für Zucker und Zement, für Datendiebstahl, Hungerlöhne und Karneval, für Grundbesitzer und Mieter, für Piloten und Radfahrer, für Pillen, Anleger und Angestellte – sie alle drücken sich geschmeidig im Dunstkreis der Macht herum, sie streichen wie schnurrende Katzen um die Beine der Gesetzgeber, hocken auf den Schößen der Parlamentarier und werben klagend und fordernd für Verständnis im Interesse ihrer Herren. Doch kaum eine Stimme für Kinder, keiner, der an die Unantastbarkeit der kindlichen Würde gemahnt, der überhaupt die Art und Weise unseres Umgangs mit Kindern vernehmbar thematisiert. Immerhin und zum Glück gibt es Gruppen und Vereine, die sich besonders schwer geschundener Kinder annehmen, ihnen Schutz und Trost und Heimstatt bieten.

Diese Organisationen, sie können Kindern wohl helfen, aber sie sind völlig *machtlos*, haben keinerlei *Einfluß*, sie können nur partiell reparieren, können versuchen, hier und da Schäden wieder auszubügeln. Und würden sie doch ihre Stimme erheben, es würde ihnen niemand zuhören, es würde nichts ausrichten. So kann ein Kind nur hinnehmen, aushalten, durchhalten. Ein Kind in schwieriger Lage, es bleibt ihm nur die Hoffnung, daß es besser wird, wenigstens nicht noch schlimmer. Kinder können ihre Empörung über die Verfehlungen ihrer Eltern kaum artikulieren, außer durch Wut, Tränen und Trauer – was dann meistens zu weiterer und noch schlimmeren Sanktionen durch die Eltern führt.

Die Tatsache, daß es überhaupt Not- und Hilfsdienste für geplagte und geschundene Kinder gibt und geben muß, daß sie gar dringend gebraucht werden, sollte uns alle beschämen. Was können wir tun, um diese Einrichtungen überflüssig zu machen? Ein gemeinschaftliches Ziel: in einem Land leben, das keinen Kinderschutzbund nötig hat, in einer Gesellschaft, in der Betreuer traumatisierter Kinder keine Arbeit mehr finden, weil sie einfach nicht gebraucht werden.

Eine Utopie? Ja, vielleicht. Aber auch wenn die Unerreichbarkeit Größe *und* Mangel einer Utopie markiert, so kann sie doch enorme Kräfte entfalten, weil sie immer eine Sehnsucht formuliert, die gemeinschaftlich teilbar ist und somit gemeinschaftliches Handeln und Streben ermöglichen kann. Eine Utopie ist immer wegweisend, deshalb kann sie wirken und antreiben, selbst wenn ihr Ziel jenseits aller Begehbarkeit wie eine Fata Morgana des Willens erscheint. Wenigstens eine solche Utopie sollten wir uns und unseren Kindern zugestehen. Der Traum von einer fairen, anständigen und vor allem gewaltfreien Kinderwelt, gemeinschaftlich projektiert und besiegelt, könnte uns allesamt ermutigen, ein in mannigfacher Hinsicht *besseres* Leben zu erstreben.

Erzwingt nicht der Blick auf unsere Gegenwart geradezu ein tätiges Wünschen, ein gemeinsames und erklärtes Hoffen? Weit mehr als die Hälfte aller jährlich in Deutschland durch Gewalteinwirkung umgekommenen Menschen sind Kinder. Und die Täter sind fast immer die Eltern. Experten schätzen, daß hierzulande täglich mindestens ein Kind von seinen Eltern umgebracht wird. Weiterhin wird davon ausgegangen, daß jeden Tag in Deutschland deutlich über 500 Kinder schwer und schwerst mißhandelt werden. Das sind aufs Jahr gerechnet 200 000 Kinder, die von ihren Eltern gequält und gepeinigt, krankenhausreif geschlagen und massiv verletzt werden. Selbst vor den kleinsten Kindern machen Eltern nicht halt. Folter und Terror beginnen oft schon an der Wiege. Dazu kommen noch die unzählbaren Vernachlässigungen und Zurückweisungen, die Beleidigungen und Demütigungen, die Ohrfeigen, die Freiheitsberaubungen, die Schreiattacken und Erpressungen. Blickt man allein auf Mord und Totschlag, auf Körperverletzung und Vergewaltigung, dann muß man erschrocken feststellen, daß unter Eltern eine unerwartet hohe Kriminalitätsrate zu verzeichnen ist. Bedenkt man zudem die hinter allen gezählten Delikten stehenden Dunkelziffern, nebst allen Grausamkeiten, die dem Gesetz nach gar keine Straftaten sind, dann wird einem unweigerlich klar, wie furchtbar häufig Kindheit elend und einsam, schmerzhaft und ausweglos sein kann. Und die Hölle, sie beginnt vielleicht schon nebenan – oder gegenüber, unter jenem Dach, hinter diesem Fenster.

Was treibt Menschen überhaupt dazu, mit Gewalt gegen schwächere, ja im Grunde hilflose Geschöpfe vorzugehen? Warum rutscht vielen nur dann die Hand aus, wenn sie keine nennenswerte Gegenwehr zu erwarten haben, niemals jedoch angesichts eines deutlich stärkeren Gegenübers? Warum schlagen Erwachsene Kinder? Und warum wirken vielfach weder körperliche Unterlegenheit noch das gleiche Blut als natürliche Barriere gegen Gewalt? Warum schlagen Eltern ihre Kinder?

Degenerierte Affekte, Boshaftigkeit, purer Sadismus, Haß, Vernichtungswille, Debilität und Stumpfsinn, Verrohung, Selbstherrlichkeit und Machtwahn – die Ursachen elterlicher Gewalttätigkeit sind so vielfältig wie bedrückend. Ein prominenter Antrieb für die Anwendung von Gewalt ist zudem in der langen Tradition des Strafens auszumachen. Seit Jahrhunderten geistern die Schatten der Strafe durch die Kindheiten und verfinstern damit die Wege der Reifung, die doch eigentlich von Eltern und Erziehern gewiesen und erleuchtet werden sollten.

Zur Methodik des Strafens gehören seit jeher und in großem Umfang das Zufügen von Schmerzen und absichtliche Körperverletzung. Viele Eltern hielten und halten Gewalttätigkeit im Kontext der Strafe für legitim. Durch den Akt des Strafens empfinden sie den Einsatz von Gewalt gegenüber ihren Kindern also als gerechtfertigt. Die vorsätzliche Körperverletzung bekommt so etwas Methodisches, sie wird als notwendiges Werkzeug der Erziehungsarbeit angesehen (eigentlich könnte man auch sagen: als notwendige *Waffe*). Allerdings muß schon eine gewisse Affinität zur Gewaltanwendung vorliegen. Denn ohne die ist ja ein physischer Angriff auf ein Kind kaum vorstellbar.

Irgendwann muß die Entscheidung, seinem Kind wegen eines Fehlverhaltens bewußt und mit voller Absicht Schmerzen zuzufügen, vom Vater, von der Mutter zum ersten Mal getroffen werden. Es muß diesen Punkt geben, an dem die Schwelle überschritten wird, an dem der Wunsch, sein Kind aus erzieherischen Gründen leiden zu lassen, leiden zu sehen, übermächtig wird und das Handeln unumkehrbar bestimmt. Die Frage, warum sich viele Eltern gegenüber ihren Kindern diese Blöße geben, sogar geben wollen, muß an dieser Stelle unbeantwortet bleiben.

In jedem Elternhaus gelten ganz eigene Regeln; jeder Vater, jede Mutter kann nach eigenem Ermessen und mithin völlig willkürlich festlegen, welche Handlungen oder Unterlassungen des Kindes strafbar sind und welche nicht. Was in dem einen Haushalt zu drakonischen Strafmaßnahmen führt, kann schon eine Tür weiter überhaupt keine Rolle spielen. So etwas wie Rechtssicherheit gibt es für Kinder nicht. Was hier Gebot ist, kann dort Verbot sein, was hüben Regel ist, kann drüben eine Wahl sein. Strafen lassen sich ganz den elterlichen Launen folgend verschärfen oder abmildern, sie können auch abgeschafft und später wieder eingeführt werden. Die Intensität der Bestrafung hängt immer vom augenblicklichen Gemütszustand des richtenden Elternteils ab. Ein Vater, der einige Stunden zuvor von seinem Dienstherrn gemaßregelt wurde, wird härter strafen als ein Vater, der gerade einen Erfolg im Arbeitsleben verbuchen durfte. Die genervte Mutter wird lauter schreien, fester zuschlagen als die entspannte. Nun, welcher Erwachsene würde unter einem derartig unkalkulierbaren Regime leben wollen?

Der Hang zum Strafen ist sicher auch einer bestimmten Mentalität geschuldet. Dabei muß die Strafe keinesfalls immer oder ausschließlich durch das gezielte Herbeiführen körperlicher Schmerzen ihren Ausdruck finden. Strafen können auch jenseits von Ohrfeigen und Prügel empfindliche Beeinträchtigungen des betroffenen Kindes herbeiführen, etwa indem die Freiheit entzogen wird (Hausarrest), gemachte Versprechungen zurückgenommen oder spezielle Verbote ausgesprochen werden. Strafe ist in gewisser Weise auch immer Weltanschauung. Der Missetäter soll büßen, er soll für sein Vergehen einen Nachteil erdulden, der so weitreichend ist, daß ihm zum einen die Wiederholung der „Untat" als kaum erstrebenswert erscheint und ihm zum anderen die herrschenden Machtverhältnisse spürbar klar werden. Wie gesagt: Gegenüber Jugendlichen (ab 15, 16 Jahren; je nach Entwicklungsstand) und Erwachsenen mag dies durchaus eine angemessene und vertretbare Haltung sein, *niemals* aber, wenn es um Kinder geht.

Daß auch *Rache* beim Strafen keine zu unterschätzende Rolle spielt, sei erwähnt; eine explizite Behandlung dieses Umstandes erscheint mir hier jedoch nicht unbedingt notwendig. Strafe ist fest in der Kultur verankert, aber sie wird zu früh und *viel zu früh* zur Anwendung gebracht. Strafe hat in der Kindheit nichts zu suchen. Ermahnung ja, Belehrung natürlich, Aufklärung und Unterweisung gewiß; auch Ärger kann ein Erwachsener einem Kind gegenüber deutlich artikulieren – aber Strafe sollte nur den Ausgereiften, den vollkommen Selbstverantwortlichen treffen.

Es ist erstaunlich, wie fest verankert das „Kultur-Mal" der Strafe (Kultur-*Mal* im Gegensatz zum Kultur*gut*) in den Köpfen selbst wohlmeinender und im Grunde harmlos erscheinender Eltern ist. Die Bestrafung von Kindern ist nach wie vor und immer noch für viele Menschen richtig, gut, notwendig, angemessen, selbstverständlich und völlig unstrittig. Strafe gilt durchaus als organische Ingredienz kindlicher Reifung. Und das Bekenntnis zu ihr muß keineswegs hinter vorgehaltener Hand erklärt werden.

„Strafe muß sein!" Diese altbekannte und sprichwörtliche Forderung hörte ich einst im Flur der Grundschule, die meine jüngste Tochter besuchte. Ich bekam es nur im Vorübergehen mit und schnappte auf, daß sich zwei Jungen etwas hatten zu Schulden kommen lassen. Danach muß es wohl eine Sanktion gegen die Übeltäter gegeben haben, die von einer Mutter mit eben diesem Satz goutiert wurde. Gegen die energische Vermittlung sozialen und angemessenen Verhaltens ist rein gar nichts einzuwenden, aber „Strafe"? Ich dachte später noch eine Zeit lang nach über diesen häufig vernehmbaren Satz *Strafe muß sein*. Und ich kam zu dem Schluß, daß er nicht falsch ist, sofern er auf Erwachsene oder auf Jugendliche bezogen wird. Aber muß für Kinder Strafe sein? Bei den Jüngsten sollten doch in aller Regel ernste Worte oder Ordnungsrufe genügen. Strafe, das ist was für Kriminelle. Um zu strafen, bedarf es eines Straftäters. Man bestraft Verbrecher, nicht Kinder.

Neben Kinderstuben und Elternhäusern waren es immer auch die Schulen, die als Schauplätze zum Teil erbarmungsloser Strafgerichte zur Tradierung von Herzlosigkeit und Menschenverachtung in unserer Gesellschaft beitrugen. Noch bis weit in die 70er Jahre hinein wurden auch jüngste Schüler in den Erziehungseinrichtungen geprügelt, gequält und erniedrigt. Doch einverstanden waren damit längst nicht alle Erwachsenen. Schon einige Jahre vor Beginn des 1.Weltkrieges wandte sich der Oberstabsarzt Traugott Pilf, der ein enger

Freund des Heidedichters Hermann Löns war, mit Vehemenz und mehr als triftigen Argumenten gegen den Prügel-Terror an deutschen Schulen.

In einem 1908 erschienen Aufsatz, der so profund und erweckend ist wie kaum ein anderes Schriftstück, das ich zu diesem Themenkreis finden konnte, erkennt Pilf im Schlagen von Kindern einen Akt der Unmoral, ja ein Verbrechen, das Kindheiten zerstört und letztlich auch Aufrichtigkeit und Sittlichkeit auf nachhaltige Weise untergräbt.

Um sich selbst ein Bild vom Ausmaß und den Auswirkungen der Prügelei zu machen, besuchte der Militär-Mediziner zahlreiche Schulen im Land, befragte Lehrer wie Schüler und kam bald zu dem Urteil, daß kaum ein Fall vorstellbar sei,

„bei dem man wirklich gezwungen sein könnte, ein Kind mit dem beabsichtigten oder überhaupt mit gutem Erfolge zu schlagen. "

In einer Dorfschule stieß Pilf auf einen Schüler, der nach Angabe des Lehrers wegen seiner Verstocktheit und Gleichgültigkeit täglich

„durch eine tüchtige Tracht aufgeweckt werden müsse. "

Die Schwerfälligkeit des Schülers erschien schnell in einem anderen Licht, nachdem dieser von Pilf untersucht worden war. Der alltäglich und aus Prinzip geprügelte Junge war ausgesprochen schwerhörig.

„Weder er noch der Lehrer hatten von der bestehenden Harthörigkeit eine Ahnung, und ich glaube nicht, daß die Sache sonst offenbar geworden wäre; nur durch meine Frage wurde er schließlich von seiner täglichen Tracht Schläge erlöst. Er wurde sogleich in die Nähe des Lehrers gesetzt. "

Pilf verwirft Prügelstrafen letztlich vollständig und erklärt

„jede körperliche Züchtigung eines Kindes für überflüssig und schädlich".

Nach der einleitenden Dorfschul-Anekdote gibt es dann kein Vertun mehr. Der Leser des Aufsatzes merkt schnell, daß sich hier einer engagiert, der über die ausgeprägte Fähigkeit zum Nachempfinden von Leid verfügt, und dabei gleichsam durch und durch beseelt ist von den Konfessionen der Gerechtigkeit, der Würde, der Achtung. Zudem leitet ihn eine geradezu unbestechliche psychologische Ein- und Weitsicht, wenn er einerseits die Folgen und fatalen Konsequenzen der Gewalt gegen Kinder anzeigt und andererseits die niederträchtigen Motive der Schläger und Züchtiger erkennt und markiert.

„Vielfach wird mit den Gefühlen des Zornes, der Rache, der beleidigten Eitelkeit, der Gereiztheit, der schlechten Laune geschlagen. Wer prügelt, befindet sich fast immer in einem erregten Zustande, im Ärger, in Wut gegen das Kind. Und diese Erregtheit lässt er vielfach blindlings an dem Kinde aus. Hand aufs Herz, ihr Lehrer, ihr Väter, wie steht es damit?"

Zur Verdeutlichung seiner Kritik findet Pilf einen ungemein sprechenden Vergleich. Er schaut sich an, wie Soldaten behandelt werden, um gleich darauf festzustellen, daß mit diesen weit besser und menschlicher umgegangen wird als mit Schulkindern:

„Die körperliche Züchtigung der Soldaten, die sogenannte Soldatenmisshandlung, erweckt mit Recht fortgesetzt das größte Missfallen bei jedermann; sie ist streng verboten. Der Soldat darf und soll nicht geschlagen werden, und niemand behauptet, daß die Disziplin gelitten habe, daß unser Heer minderwertiger geworden sei, seitdem die Prügelstrafe abgeschafft und jede Züchtigung und Handgreiflichkeit verboten wurde. Im Gegenteil, unsere Armee steht dadurch sittlich höher und ist viel leistungsfähiger und zuverlässiger geworden. Jeder Offizier und Unteroffizier, der sich so in der Gewalt hat, daß er seine Untergebenen nicht schlägt, steht vornehmer und ehrenhafter da, als ein Vorgesetzter, der sich zu Mißhandlungen hinreißen lässt."

Kindern nicht einmal das Recht einzuräumen, *wenigstens* wie Soldaten behandelt zu werden – das ist ein erschreckender und geradezu grotesker Ausweis von Rücksichtslosigkeit einer Gesellschaft gegenüber ihrer nachwachsenden Generation. Man leistet sich ein zweifaches Maß, eine Doppelmoral zu Ungunsten der Schwächsten. Oberstabsarzt Pilf bringt es auf den Punkt:

„Wenn ein ‚ungebildeter‘ Unteroffizier im Zorne einem Soldaten eine Ohrfeige gibt, so wird er wegen ‚Soldatenmisshandlung‘ bestraft. Wenn ein ‚gebildeter‘ Lehrer im Zorn oder ohne Zorn einem Kinde eine Ohrfeige gibt, so nennt man das nicht ‚Kindermisshandlung‘, sondern ein berechtigtes ‚Erziehungsmittel‘.“

Die Ermahnungen des Traugott Pilf kommen nüchtern und entwaffnend daher. Was er schreibt, ist auch für das schlichteste Gemüt schnell einsehbar. Indem er Selbstverständlichkeiten anführt und gleichzeitig belegt, mit welcher kollektiven Macht diese Selbstverständlichkeiten in der gesellschaftlichen Praxis übergangen und sogar aktiv abgelehnt werden, macht er für meine Begriffe eines überdeutlich: Das Junge, das Zarte, das Verletzliche, das Unschuldige, das Strebende, das Unbekümmerte, das Entdeckende, das Offene, das Wachsende, das Schutzbedürftige erweckt bei einer leider wahrlich nicht geringen Anzahl von Menschen eine enorme Feindseligkeit, einen tätigen Haß. Kinder entfachen augenscheinlich Wut durch ihr Kindsein, selbst die Kleinsten sind nicht sicher vor dem Furor der Erwachsenen, vor ihrem Ingrimm und ihren Attacken. Es wirkt wie eine verkehrte Welt, wie das Paradoxon einer umgewerteten Natur: Das Schutzlose löst beim Starken Aggressionen aus, das Schwache scheint prädestiniert zu sein für die Provokation von Gewalt. Eine Erklärung dafür ist mir nicht zugänglich, ich kann bloß feststellen, daß es sich vielfach eben so verhält. Ob einst oder heute – Kindheit ist oft und viel zu oft kein Kinderspiel. Parteinahmen wie die des Dr. Pilf waren und sind mithin stets aus *schlechten* Gründen unerläßlich:

„Ein robuster, gesunder Soldat kann seelisch und körperlich eine Züchtigung viel besser ertragen als ein Kind, das im Vergleiche zu einem Soldaten immer zart und schwach ist, auch wenn es an und für sich noch so kräftig ist. Ein Kind ist ein unfertiger Organismus, auf den Züchtigungen stets einen nachhaltigen Einfluss ausüben. Dagegen scheinen manche anzunehmen, ein Kind habe eine Seele aus Gummi oder aus Stein, und eine Haut aus Nilpferdleder. Wenn man Ruhe, Geduld und Selbstbeherrschung von einem Unteroffizier verlangt, warum verlangt man sie nicht auch von einem Lehrer gegen seine Schüler, von einem Vater gegen seine Kinder?"

Noch heute ist es so, daß der allgemeine Kodex, der das Verhalten der Erwachsenen untereinander zu regeln sucht, im alltäglichen Verkehr viel selbstverständlicher befolgt wird als alle gesetzlichen Vorgaben oder pädagogischen Empfehlungen hinsichtlich des Umgangs mit Kindern. Ein Grund dafür könnte freilich sein, daß tätliche Angriffe unter Erwachsenen in den meisten Fällen zu Anzeigen und allen damit verbundenen Unannehmlichkeiten führen können. Zumindest muß ein Erwachsener, der einen anderen Erwachsenen schlägt, einkalkulieren, daß sein Opfer auf einer Ahndung des Vergehens besteht. Insofern bleibt die Faust da viel eher in der Tasche, während die Hand gegenüber Kindern in der Regel viel lockerer sitzt. Denn ein Erwachsener, der ein Kind ohne Zeugen angreift, hat keine Konsequenzen zu fürchten. Kaum ein geschlagenes Kind geht zur Polizei und erstattet Anzeige, nicht mal ein durchgeprügeltes oder schwer mißhandeltes. Ein Erwachsener dagegen würde schon nach dem Empfang einer Ohrfeige darüber nachdenken, ob er den Missetäter nicht wegen Körperverletzung vor Gericht bringen sollte. Er hätte dazu ja auch alle Möglichkeiten, jederzeit. Ein Kind steht da auf verlorenem Posten. Ein Fünfjähriger würde nicht einmal auf die Idee kommen, nach erlittener Tortur zur nächsten Polizeiwache zu gehen, um gesetzlichen Beistand einzufordern (der ihm ja sogar zustünde!). Selbst zu einem Arzt würde ein verletztes Kind kaum selbständig gehen. Ein Kind ist in unserer Gesellschaft schlicht wehrlos – und je jünger, desto wehrloser. Und diese Wehrlosigkeit wird von Erwachsenen ausgenutzt. Sie wird brutal ausgenutzt und keineswegs als Anstiftung zu Mitgefühl und Korrektheit empfunden. Die Wehrlosigkeit eines Kindes verursacht zigtausendfach, millionenfach bei Erwachsenen *keine* Hemmung gewalttätiger Impulse. Kinder müssen sich im Alltag demnach mehr vor den Erwachsenen in Acht nehmen als die Erwachsenen vor Ihresgleichen. Ein durch und durch unbegreiflicher und bedrückender Umstand, der auch Traugott Pilf vor mehr als 100 Jahren fassungslos machte:

„Frauen, Gattinnen zu schlagen, gilt mit Recht für entehrend und entwürdigend, für niedrig und gemein. Dienstboten zu züchtigen, scheut sich aus mancherlei Gründen ein jeder. Nur unsere Kinder sind vogelfrei; ihnen kann man alles bieten. Das verstehe, wer kann. Ich verstehe es nicht, daß Erwachsene, Soldaten und Verbrecher mehr Schonung verdienen und mehr Ehre im Leibe haben sollen als unsere Kinder. Wenn wir doch nun einmal „human" gegen jedermann sein sollen und wollen, warum sind wir es denn nicht gegen unsere Kinder? Warum werden sie von den Fortschritten der Kultur, der Humanität, in bezug auf die Prügelstrafe ausgeschlossen?"

Stellen wir uns einen Erwachsenen in zweierlei Situationen mit jeweils identischem Erregungsgrad vor. Sein herausforderndes Gegenüber: einmal ein Kind, einmal ein etwa gleichstarker oder gar überlegener Erwachsener. Die Wahrscheinlichkeit, daß das Kind mit körperlicher Gewalt angegangen wird und der physisch mindestens ebenbürtige Kontrahent nicht, ist vermutlich ziemlich hoch. Es muß nicht so kommen, aber wenn doch … wenn der Erwachsene das Kind schlägt, in vergleichbarer Erregung den Angriff auf einen Erwachsenen aber unterlassen würde, dann müssen wir unumwunden einräumen, daß wir es hier, neben allen anderen Niedrigkeiten, auch mit *Feigheit* zu tun haben. Und das ist auch schon alles, was ich mit dieser Konstruktion illustrieren wollte. Es ist feige, als Erwachsener ein Kind zu schlagen und andere Erwachsene dagegen zu verschonen. Wer ein Kind schlägt, der müßte konsequenterweise auch jedem Erwachsenen, der ihm auf die Nerven geht oder ihn verärgert hat, eine verpassen. Wer aber ausschließlich Kinder schlägt, der ist ein offenkundiger Feigling. Wer sich prügeln will, der möge sich angemessene Gegner dafür suchen. – Die Feststellung der Feigheit im Protokoll der gegen Kinder gerichteten Erwachsenengewalt liefert das Stichwort für einen Begriff, den Pilf in eklatanter Weise beachtet wissen will: *Ehre.* In seinem Aufsatz geht es ihm dabei nicht allein um den Hinweis auf die Abwesenheit von Ehre bei den schlagenden Erwachsenen. Er fragt vielmehr nach der Ehre des Kindes.

„Unsere Ehrbegriffe sagen mit Recht, daß ein Schlag, der einem Manne zugefügt wird, eine der schwersten Beleidigungen ist, die ihm angetan werden kann; eine Ehrenkränkung, die nur mit Blut abgewaschen werden kann, ein zwingender Grund zum Zweikampfe. Hat denn ein Kind keine Ehre? Soll es etwa keine Ehre haben? Wie soll ein Knabe, der fortwährend gestoßen oder geprügelt wird, das mit seinem kindlichen und später mit seinem männlichen Ehrbegriffe vereinigen? Meint man wirklich, ein Knabe oder ein Mädchen brauche noch keinen Ehrbegriff zu kennen? Von welchem Lebensalter an wird denn in diesem Falle ein Ehrbegriff vorgeschrieben? Etwa vom 14., 16., 18. Jahre an oder wann?"

Mit der *Ehre* führt Pilf einen ethischen Wert in die Diskussion ein, der gegenwärtig ein wenig aus der Mode gekommen ist. Die Ehre wird kaum noch als Aspekt der persönlichen Integrität zugelassen; sie gilt vielmehr als ein etwas antiquierter Vermerk einer auf angenommenen Identitätsmerkmalen gründenden Selbstüberhöhung. Allenfalls im ständischen Kontext (Familienehre bei Adligen, großbürgerlichen Dynastien oder Migranten, Berufsehre) oder im kriminellen (Ganovenehre, ehrenwerte Gesellschaft, Ehrenkodex) findet der Ehrbegriff noch eine plakative bis süffisante Verwendung.

Ehre als knappe Umschreibung eines dauerhaft angemeldeten Anspruchs auf Würde und Selbstachtung, aus dem wiederum eine natürliche Selbstverpflichtung hinsichtlich einer achtsamen und anständigen Behandlung der Nächsten und Übernächsten resultiert, ist kein Gegenstand aktueller Sprach- und Denkregelung. Dies aber ändert jedoch keineswegs etwas daran, daß es das *Gefühl* der Ehre noch genauso gibt wie vor

100 Jahren oder zu jedem anderen Zeitpunkt der Menschheitsgeschichte. Die Artikulierbarkeit des Ehrgefühls wurde lediglich eingeschränkt oder im Sinne zeitgenössischer Haltungsanweisungen modifiziert. Manche wissen erst dann um die Ehre, wenn ihre eigene verletzt wird. In dem Moment, in dem die Ehre eines Menschen angetastet wird, begreift er, daß es Ehre durchaus gibt, selbst wenn er es zuvor nicht verstehen wollte. Ohne die Existenz der Ehre wäre letztlich auch keine Erniedrigung möglich. Erniedrigung braucht die Ehre als Ziel, ohne die sie im Grunde wirkungslos verpuffen müßte. Einen Menschen erniedrigen, das bedeutet, ihm die Ehre abzusprechen, seine Ehre mit voller Absicht zu mißachten und schließlich mit Worten oder Taten zu verletzen. Das knappe Wort *Ehre* beschreibt umfassend sämtliche Aspekte der persönlichen Integrität.

Und ich möchte behaupten, daß gerade ein Kind von einem ausgeprägten Ehrempfinden erfüllt ist. Kinder gehen ja oft als gefühlte Entdecker, Abenteurer, Rennfahrer, Prinzessinnen, Ritter, Agentinnen oder Piraten durch die Welt – und dann kommt ein Erwachsener und schlägt ihnen ins Gesicht, beschimpft und demütigt sie. Da wirken dann ganz gewiß nicht allein körperlicher Schmerz, Enttäuschung, Angst, Wut und Trauer; die gekränkte, die verletzte Ehre wird dem traktierten Kind ein zusätzliches Leiden aufzwingen. Ehre hat eben viel mit Würde zu tun, und wer ein Kind angreift, greift immer auch dessen Würde an. Denn wer seiner Würde beraubt wird, der fühlt sich auch immer in seiner Ehre getroffen. Daher kann ich Pilf nur aus vollem Herzen zustimmen: Selbstverständlich verfügen Kinder über Ehre. Kein Kind kann und wird *Ehre* aber intellektuell zergliedern und in historischen Kontexten bewerten und analysieren. Ein Kind kann Ehre bloß *empfinden*. Und ein Kind wird immer leiden, wenn jemand seine Ehre angreift bzw. sie überhaupt nicht beachtet und ihm zugesteht.

Für die kindliche Entwicklung sind wiederholte Ehrverletzungen eine innere Katastrophe; auch schon deshalb, weil der

Ehrverletzer dem Kind mit seiner Tat ein scheußliches Beispiel vorlebt. Darüber hinaus – und auch diesen wichtigen Gedanken entdeckte ich in Pilfs Traktat – büßt auch immer derjenige seine eigene Ehre ein, der wissentlich und willentlich die Ehre eines anderen verletzt. So

> „sind Prügel ebenso erniedrigend für den, der sie austeilt, wie für den, der sie empfängt. Die Anwendung von Schlägen demoralisiert und verdummt den Erzieher, weil sie seine Gedankenlosigkeit steigert, nicht seine Intelligenz; seine Brutalität, nicht seine Geduld. Und in der Tat, was ist das für eine Logik, wenn so mancher Erzieher sagt: Du hast mich geärgert, du kommst mir nicht mit der gebührenden Achtung entgegen, also räche ich mich und schlage dich, denn ich bin stärker wie du!"

Mit Inkrafttreten des Bürgerlichen Gesetzbuches am 1. Januar 1900 wurde in Deutschland das Züchtigungsrecht des Dienstherrn gegenüber dem Gesinde abgeschafft. Allerdings – und es fällt mir beinahe schwer, das hier aufzuschreiben – galt die Aufhebung des Züchtigungsrechts *ausschließlich für Erwachsene*. Minderjähriges Dienstpersonal durfte von der Herrschaft weiterhin gezüchtigt und geprügelt werden. Man schuf also ein Gesetz, das richtigerweise die alltägliche Gewalt innerhalb der Gesellschaft eindämmen sollte, und sparte dabei die Kinder ausdrücklich aus. –

Das muß man erst einmal sacken lassen … Man stelle sich vor, es gäbe eine humane Logik: Danach müßte doch ein Gesetzgeber, der die körperliche Bestrafung von Menschen verbieten will, *zuallererst* die Kinder im Blick haben. Doch das Gegenteil war damals der Fall: Ein Gesetz gegen Gewalt wurde beschlossen, von dem Kinder ausdrücklich nicht profitieren sollten. Pilf, der seinen Aufsatz „Die körperliche Züchtigung der Schulkinder" 1908 veröffentlichte, muß unter dem Eindruck dieser in jenen Tagen noch recht frischen Gesetzgebung gestanden haben. Immer wieder verweist er auf die verquere Ungleichbehandlung von Erwachsenen und Kindern. Daß die humanistischen Fortschritte seiner Zeit allein den Erwachsenen vorbehalten sein sollten, dafür konnte der Oberstabsarzt nicht das geringste Verständnis aufbringen. Ja, es schockierte ihn regelrecht, daß man sogar straffällig gewordenen Erwachsenen eine deutlich bessere und mildere Behandlung zugestand als Kindern, die eine Scheibe zerbrochen oder eine Hausaufgabe versäumt hatten.

„Verbrecher und Übeltäter aller Art werden nicht mehr geprügelt; die Tortur und alle andern körperlichen Strafen sind als barbarisch und roh längst in den Gefängnissen und Zuchthäusern abgeschafft, aber unsere Kinder werden fleißig weiter geschlagen. Ihnen werden noch durch Prügel Geständnisse abgepresst, sie will man durch die körperliche Züchtigung bessern, ihnen will man Kenntnisse, Achtung und Gehorsam einbläuen. Das hält man nicht für inhuman, und dabei wird nicht von mittelalterlichem Standpunkte und finsterer Reaktion gesprochen. Die Kinder, deren zarte Körper und Seelen die höchste Schonung und die liebevollste, geduldigste Pflege verdienen, die darf man prügeln. Das gilt nicht als Misshandlung. Von Misshandlung ist erst dann die Rede, wenn dicke rote Striemen zu sehen sind und wenn ein deutlich bemerkbarer, grober körperlicher Schaden eingetreten ist. Was das Kind aber unsichtbar am Körper leidet, was es in seiner zarten Seele empfindet, das bleibt ohne Berücksichtigung."

Aber auch die einzelne Ohrfeige, die Eltern ihren Kindern gerne als Bestrafung für eine Ungeschicklichkeit zumuten, ist für Pilf aus triftigen Gründen völlig indiskutabel. Zudem entlarvt er die psychologische Bigotterie schlagender Väter und Mütter:

„Das Kind hat irgend eine Dummheit gemacht, oder es ist faul gewesen. Man ärgert sich darüber und verabfolgt ihm im Zorn eine Tracht Schläge. Nachdem man seine Wut an dem Kinde ausgelassen hat, tut es einem oft selbst leid, und man glaubt selbst nicht, daß man sein Kind dadurch gebessert hat. Bei Tische wirft das Kind eine Tasse, einen Teller um, wie das auch Erwachsenen begegnen kann. Man wird zornig über die vermeintliche Nachlässigkeit oder Ungeschicklichkeit und lässt seinen Zorn in einer sogleich verabreichten Ohrfeige aus. Bekommen Erwachsene wegen ihrer vielfachen Ungeschicklichkeiten Ohrfeigen? Glaubt man, daß ein Kind dadurch Geschicklichkeit lernt, wenn man es ohrfeigt? Will man das wirklich Erziehung nennen?"

Pilf stellt klar, daß durch die Anwendung von Gewalt allein ungünstige und armselige Wesensmerkmale gefördert werden: Das Kind „wird zur Heuchelei, zur Lüge und Verstellung erzogen, und bei der nächsten Gelegenheit, wenn die Furcht vor der Züchtigung in Wegfall kommt, treten die schlechten Eigenschaften in verstärktem Maße hervor." – Und weiter:

„Man verlasse sich darauf: das Kind wird je nach seiner Veranlagung verstockt und widerspenstig, gleichgültig oder rachsüchtig, verschlossen oder gehässig gegen den sogenannten Erzieher und gegen andere, oder es wird ängstlich, verschüchtert, zaghaft und unselbständig."

Pilf analysiert ohne Schonung, kritisiert scharf und definiert gleichzeitig Maßstäbe für eine menschenfreundliche, eine dem Menschen zugewandte Erziehung, die danach trachtet, starke und freimütige Persönlichkeiten in die Welt zu entsenden. Was er ausführt, ist schlicht und monumental, es ist im Grunde selbstverständlich und doch bemerkenswert, vor allem ist es notwendig, immer noch, leider.

„Liebe kann niemand durch Prügel einflößen, kein Kind lernt das Gute lieben dadurch, daß es geprügelt wird, kein Kind lernt die Wahrheit lieben, wenn es für eine Lüge geschlagen wird. Und der Hauptgrundsatz aller Sittlichkeit, daß man das Gute tun soll, weil es gut ist, und nicht aus Furcht vor Strafe oder in der Hoffnung auf Belohnung, kann doch unseren Kindern nicht früh genug eingeprägt werden."

Was ist nach dem Erscheinen des Aufsatzes von Traugott Pilf im Jahre 1908 geschehen? Die Antwort: Es hat noch fast ein Jahrhundert gedauert, bis es den Eltern per Gesetz untersagt wurde, ihre Kinder zu schlagen oder mit anderen entwürdigenden Maßnahmen zu traktieren. Erst im Jahr 2000 konnte man sich in diesem Land dazu durchringen, Kindern mit dem „Gesetz zur Ächtung von Gewalt in der Erziehung" das Recht auf eine gewaltfreie Erziehung zuzubilligen. Eine juristische Relevanz kommt dem besagten Gesetz allerdings kaum zu. Eltern, die ihre Kinder körperlich angehen, machen sich also ebenso wenig strafbar wie zuvor. Gleichfalls begehen Eltern keine kriminellen Handlungen, wenn sie ihren Kindern seelische Verletzungen zufügen. Das Strafrecht greift erst ab der ausgewiesenen Mißhandlung. Das war aber auch schon vor diesem Gesetz so, und es ist zu fragen, ab welchem Leidensniveau die Grenze zur „Mißhandlung" eigentlich als überschritten gilt?

Aber immerhin, es wurde mit dem „Gesetz zur Ächtung von Gewalt in der Erziehung" zumindest der gemeinschaftliche Wille zum friedvollen Umgang mit Kindern verbindlich und öffentlich dokumentiert. Die Notwendigkeit eines solchen Gesetzes ist natürlich betrüblich genug; daß es aber dermaßen spät kommt, macht schon auch fassungslos. Allen Erscheinungen und Entwicklungen der jüngeren Moderne und Postmoderne zum Trotz blieb das häusliche Prügelregime, das *Recht* der Eltern, ihre Kinder zu schlagen, stets unangetastet. Eine längst hochtechnisierte, rechtsstaatlich auf komplexem Niveau durchreglementierte und sich Grund- und Menschenrechten verpflichtet fühlende Gesellschaft leistete sich ein gesetzlich verbrieftes „Elternrecht" zur körperlichen Züchtigung der Kinder. Und als dieses Recht mit dem Beginn des zweiten Jahrtausends endlich abgeschafft werden sollte, stimmte auch noch ein erheblicher Teil der Parlamentarier dagegen …

In den Schulen wurde das Züchtigungsrecht der Lehrer immerhin „schon" 1973 aufgehoben. Bis dahin ließ das Erziehungspersonal fleißig Rohrstöcke und Lineale auf Finger und Handflächen niedersausen. Tätliche Angriffe auf Schüler waren den Lehrern in Bayern sogar noch bis ins Jahr 1983 ausdrücklich erlaubt. 1980 gestattete ein bayrisches Gericht einem Pädagogen, auf seine Schützlinge einzuprügeln, mit der Begründung, „es bestünde ein gewohnheitsrechtliches Züchtigungsrecht an Volksschulen". – Wenigstens in den östlichen Landesteilen war man etwas fixer: In der DDR wurden 1949 Körperstrafen an Schulen abgeschafft. In den berüchtigten Jugendwerkhöfen soll es dagegen zu schlimmen Schikanen, systematischen Entwürdigungen und schweren Mißhandlungen gekommen sein, und zwar bis zum Ende des deutschen Teilstaates im Jahre 1989.

Weltweit betrachtet sieht die Sache allerdings noch einmal ganz anders aus: In den meisten Ländern sind Körperstrafen als „Erziehungsmittel" nach wie vor legal. Auch in den USA dürfen Eltern und Lehrer in zahlreichen Bundesstaaten mit gesetzlicher Erlaubnis zuschlagen.

Wenn auch fern einer Aussicht auf Antwort, ich muß diese Frage stellen: Warum nur teilen auf diesem Planeten so unglaublich viele erwachsene Menschen das Bedürfnis, Kindern Schmerzen zuzufügen? Woher rührt das? Welcher düstere Trieb ist da am Wirken? Und es betrifft alle Gruppen, Schichten, Klassen, Kreise; ob arm oder reich, ob Arbeiter oder Angestellter, Akademiker oder Selbständiger; sie alle sind dabei, wenn es darum geht, Kindern Leid zuzufügen. Kinder können sich niemals sicher fühlen, ganz gleich, ob sie mit ihren Eltern in Villen oder Mietskasernen, in Zelten oder Reihenhäuschen leben. Seit Jahrhunderten und über alle Grenzen hinweg marodieren Erwachsene durch die Kindheiten, gewissenlos und ohne Schranken. Warum? Ein großes WARUM? Und: Warum setzen sich unendlich viele Erwachsene in aller Welt für Menschenrechte ein, für Bürgerrechte, für Freiheitsrechte, für Frauenrechte, Männerrechte, Minderheitenrechte, für Tierrechte, diese und jene Rechte, aber nicht ausdrücklich und prominent für Kinderrechte? In fast allen Teilen der Welt gehen Aufgebrachte auf die Straße – und zwar ausschließlich für die Belange volljähriger Menschen. Es wird mit großem Engagement für und gegen alles Mögliche gekämpft; der Schutz der Jüngsten, die Würde und Unversehrtheit der Kinder sind dabei zumeist nicht einmal der Rede wert. Während der Knecht seine Kinder prügelt, werden nebenan die Puten aus dem Stall befreit. Wie bereits festgestellt: Es gibt für Kinder keine wirkungsvolle Lobby. Nirgends. In keinem Land der Welt. Insofern kann man es dann fast schon wieder ein Wunder nennen, daß überhaupt hier und da Gesetze beschlossen wurden, die Kinder vor den Übergriffen der Erwachsenen schützen sollen. Ob solche Gesetze das tägliche Los der Kinder wirklich verbessern, ist eine Frage, die ich nicht beantworten kann. Ich möchte in diesem Zusammenhang aber noch einmal klarstellen, daß das „Gesetz zur Ächtung von Gewalt in der Erziehung", wie sein Name schon verrät, die Gewalt in der Erziehung eben nur ächtet. Ohrfeigen werden durch dieses Gesetz nicht zu strafbaren Handlungen. Dabei wäre genau das richtig und notwendig. Der Schlag ins Gesicht eines Kindes sollte ebenso justiziabel sein wie der Schlag ins Gesicht eines Erwachsenen. Warum wird da nach wie vor ein Unterschied gemacht? Daß Kinder ihre Eltern deswegen anzeigen würden, das käme selbst bei entsprechender Rechtslage – wie bereits beschrieben – natürlich so gut wie nie vor. Aber es wäre einfach ein markantes Ausrufezeichen, wenn Eltern per Gesetz vermittelt werden würde: Wenn ihr eure Kinder attackiert, dann macht ihr euch strafbar, dann seid ihr Kriminelle.

Insofern ist das bemerkenswert spät verabschiedete Gewaltächtungs-Gesetz unzureichend: Es müßte vielmehr Gesetze geben, die elterliches Fehlverhalten tatsächlich und zudem empfindlich sanktionieren – bis hin zu Gefängnisstrafen. Auch Bußspenden für Kinderschutzvereine und das Ableisten gemeinnütziger Arbeit kämen als Sühne für geringere Vergehen in Frage.

In den Medien wird ja deutlich intensiver über Jugendkriminalität als über Elternkriminalität berichtet. Es wird von „Warnschußarrest" gesprochen, der sicher für manchen 16-jährigen Straftäter ganz sinnvoll sein kann. Aber einen solchen Warnschußarrest, den sollte es auch für kriminelle Eltern geben. Drei Wochen Haft für einen Schlag ins Gesicht, ein paar Stunden Sozialarbeit in einem Kinderheim für eine Herabwürdigung. Warum nicht? –

Was bliebe noch zu tun? Man könnte zum Beispiel darüber nachdenken, Besserungsanstalten, regelrechte Zuchthäuser speziell für mißratene Eltern einzurichten. Dorthin würde man schuldbeladene Eltern oder Elternteile geben, die dann in der Obhut geschulten Personals einen respektvollen Umgang mit Kindern trainieren könnten. Dabei müßte es in diesen Einrichtungen durchaus mit einer gewissen Strenge, aber insbesondere mit Güte und Geduld zugehen. Denn das Motiv einer solchen Maßnahme sollte ja keinesfalls Rache sein. Auch wäre es grundsätzlich nicht gut, ein Gewaltsystem durch ein anderes Gewaltsystem bekämpfen zu wollen. Ein Lernen durch Beispiel, ein Begreifen durch freundliche, aber bestimmte Anleitung, eine verständliche Förderung von Einsicht und Mitgefühl – das wäre das annahmepflichtige Geschenk, das man den Eltern nach erfolgter Strafe von staatlicher Seite aus machen könnte. – Diese Vorschläge mögen dem einen oder anderen Leser vielleicht ein wenig übereifrig vorkommen, aber ich bitte an dieser Stelle zu bedenken, daß es angesichts der hohen Fallzahlen mißhandelter Kinder wenigstens Ideen und Diskussionen geben muß, wie der elterliche Terror hierzulande und auch jenseits unserer Grenzen eingedämmt, am besten ganz erstickt werden kann.

Mir ist auch klar: Selbst die Existenz solcher Einrichtungen könnte das Problem sicher nicht vom Grunde her lösen. Allerdings würde die Eröffnung derartiger Besserungsanstalten der gesamten Gesellschaft mit eindeutiger Signalwirkung klarmachen, daß nunmehr Kinder ihren Eltern nicht mehr macht- und schutzlos ausgeliefert sind, sondern auch gegenüber ihren Eltern oder Erziehern über einklagbare Rechte verfügen. Selbst wenn auch dann diese Rechte kaum eingeklagt werden würden, wäre es dennoch ein Zeichen, das einen Wandel im Umgang mit Kindern markiert.

Und wenn das alles nur einen Vater, eine Mutter abschrecken würde, abhalten würde vom schändlichen Tun: Es wäre schon mindestens ein Kind gerettet. Es hätte sich gelohnt.

Ich möchte an dieser Stelle noch einmal an die zuvor bereits angeführte Zahl der in Deutschland von ihren Eltern schwer und schwerst mißhandelten Kinder erinnern: Es sollen 200 000 sein. Jedes Jahr. Dazu kommen die Dunkelziffer und alle Fälle, die keine akute medizinische Relevanz aufweisen, also die „üblichen" Handgreiflichkeiten (Ohrfeigen, Stöße usw.). Ich lasse diese letzten Posten des Schreckens einmal weg. Es reicht, sich 200 000 Kinder vorzustellen; alle versammelt auf einer Fläche.

Ich möchte den Leser dazu auffordern, diese furchtbare Vision, die auf 200 000 realen einzelnen Schicksalen beruht, nachzuvollziehen: Sämtliche Kinder, die in Deutschland pro Jahr zu Opfern ihrer Eltern werden, erscheinen auf einem gewaltigen Feld, daneben, dazwischen und dabei: ihre Peiniger. Mehr als eine halbe Million Menschen unter freiem Himmel kommen so zusammen. Und dann hebt mit einem Mal ein Raunen an, das sirenengleich in einem Atemzug zum Gedröhn anschwillt, zum Heulen wird und schließlich wie ein großer, elender und nicht enden wollender Schrei, ganz dumpf und schrill zugleich, in den leeren Himmel flieht. Die Kinder ducken sich zu Tausenden, sie weichen aus und klagen, sie fallen und zerbrechen. Die Großen schlagen auf die Kleinen ein, sie brüllen dabei, es hagelt Hiebe. Sie treten zu und peitschen mit Gürteln, sie prügeln mit Fäusten, sie packen und würgen, schütteln und stechen, sie schneiden und verbrennen. Ein trostloses Gewitter der Gewalt entlädt sich in dieser Masse aus Menschen. Bald ist die Fläche übersät mit verletzten und schwer verletzten Kindern, mit toten Kindern. Darunter auch die Kleinsten ... und die Allerkleinsten. Und nichts davon ist ausgedacht, jede einzelne Untat Realität. Ein Gedankenexperiment, das nicht lange auszuhalten ist: 200 000 Mißhandlungen finden an diesem einen Ort auf einmal statt, alle (zählbaren) Mißhandlungen des Jahres werden auf diesem gigantischen gedachten Feld im selben Augenblick begangen. Das ist der pure Horror, eine Hölle auf Erden. –

Es ist in dieser Weise natürlich unmöglich, aber denken wir es trotzdem: Würde auf einem in Deutschland gelegenen Areal diese Vision der massenhaften Gleichzeitigkeit von Kindesmißhandlung Wirklichkeit werden, vermutlich würde die Armee ausrücken. Das wäre ein nie dagewesener Ernstfall. Es gäbe gar nicht genügend Krankenwagen. Die Vereinten Nationen stünden ohne Frage auf dem Plan. Es käme zu Massenverhaftungen unter den marodierenden Eltern. Es herrschte ein totales, nur mit einem Krieg vergleichbares Chaos von internationaler Tragweite.

Aber weil das alles eben *nicht* auf einmal und auf einem Fleck passiert, sondern verteilt und verstreut, versteckt und verborgen in Kinderzimmern und Kammern, Schlafzimmern und Kellern, unter Dächern, hinter Fenstern und Mauern geschieht, ist es bloß ein gesellschaftliches Übel, das ab und zu mal einen Zweispalter, aber kaum eine Talkshow wert ist.

Eine andere Variante bestünde darin, sich vorzustellen, alle Kinder, die jährlich in Deutschland von ihren Eltern umgebracht werden, würden in derselben Stunde an einem bestimmten Ort durch Gewalteinwirkung zu Tode kommen. Land und Welt wären entsetzt. Zu Recht würde man von einem Massaker ungeahnten Ausmaßes sprechen, von einer nationalen Tragödie. Eine der schlimmsten Katastrophen seit dem Ende des 2. Weltkrieges würde die Menschen fassungslos machen, Deutschland wäre über Wochen und Monate paralysiert. Unvorstellbar lange Lichterketten würden die Straßen säumen, Gottesdienste im Akkord veranstaltet. Da sich die Tötungsdelikte jedoch über das Jahr verteilen, zudem an gänzlich unterschiedlichen Orten begangen werden, wird auch die Summe der Taten nicht als Katastrophe empfunden. Das Massaker ist partikuliert, es findet zeitlich gedehnt und ohne inneren Zusammenhang statt; die Summe, die am Jahresende Gegenstand einer kleinen Meldung ist, erscheint als nüchterne Addition lokaler und damit in ihrer Wirkung begrenzter Vorfälle.

Ich möchte mit diesen konstruierten Bildern schlicht dafür werben, sich einmal das Ausmaß des Leidens vor Augen zu halten, dem Kinder alleine in Deutschland Jahr für Jahr ausgesetzt sind. Und selbst derartige Veranschaulichungen beschreiben ja längst nicht den ganzen Leidenskatarakt, der unablässig die natürlichen Schutzgebiete der Jungen und Jüngsten überflutet und blühendes Kinderland in fiebrige Sümpfe verwandelt.

In Deutschland leben rund 11 Millionen Kinder unter 14 Jahren. Wie kann es eigentlich sein und angehen, daß eine derartig gewaltige Menschenmenge durchweg ärgsten Anfeindungen und oft maßloser Gewalt ausgesetzt ist? Welch eine Macht doch eigentlich aus dieser Zahl resultieren *müßte*. Aber das Gegenteil ist der Fall: Millionen junger Menschen sind der Willkür ihrer Eltern ausgesetzt. Wer bei gütigen, liebevollen und anständigen Eltern lebt, hat Glück; wer Horror-Eltern erwischt, der darf durch die Hölle gehen, jahrelang. Und kein Kind ist wirklich sicher. Die Befindlichkeiten und Gemütslagen der Eltern können sich schließlich jederzeit ändern. Auch neue Lebenspartner, die zertrennte Familienverbünde wieder auffüllen, also Stiefväter und Stiefmütter, können, wenn es schlecht läuft, das Klima einer Kindheit zum Kippen bringen. 12 Millionen Mädchen und Jungen, die schlicht Glück haben müssen, damit ihnen in ihren Elternhäusern nichts angetan wird. 12 Millionen Menschen – das ist nun wirklich und wahrhaftig keine Minderheit. Und doch werden Kinder oft schlechter behandelt als die Angehörigen mancher tatsächlichen Minderheit. Wir machen uns viele Gedanken, wie wir mit Minderheiten in unserem Land noch besser umgehen können (zuweilen geht es dabei um Minderheiten, die gerade mal 0,1 % der Bevölkerung ausmachen!); wie es einer an Rechten schwachen, an Zahlen aber umso stärkeren Gruppe geht, nämlich den Kindern, das spielt in der öffentlichen Diskussion nur sehr selten eine Rolle. Und werden doch einmal Kinder thematisiert, geht es um die ewigen Kita-Plätze, Elterngeld und Ganztagsschulen. Wie wir mit Kindern umgehen, wie wir als Erwachsene Kindern begegnen, was Kinder uns bedeuten, wie wir uns unseren

Kindern würdig erweisen können, wie Not und Leid und Qual unter den Schwächsten und Jüngsten verringert werden kann, warum überhaupt Kinder so oft und immer wieder zu Zielscheiben ihrer Eltern werden – Schweigen. Schulterzucken. Kein Gesprächsbedarf. Egal. –

Viel lieber wird über alle möglichen zum Teil obskuren Spezialinteressen oder über die Belange von Kleinstgruppen und Minderheiten mit vielleicht ein paar zehntausend Angehörigen debattiert. Nun, auch das kann im Einzelfall seine Berechtigung haben. Aber 12 Millionen Menschen einfach so aussparen?

Nun, wenn die Geburtenrate der Deutschen weiter sinkt, dann werden unsere Kinder in diesem Land immerhin auch bald eine Minderheit sein. Vielleicht erhalten sie ja dann den Schutz, der Minderheiten gemeinhin zugesprochen wird.

\* \* \*

Auf dem Erdball leben heute etwas über 1,8 Milliarden Kinder. Damit stellen sie gut ein Viertel der Weltbevölkerung. Ein gewaltiger Teil dieser enorm vielen Kinder lebt in Knechtschaft, leidet unter Hunger und Durst, wird zu Prostitution und Schwerstarbeit gezwungen. In den Kriegen und Konflikten der Welt werden Kinder getötet und verstümmelt, sie werden aus ihren Familien gerissen, auf die Flucht gehetzt, alleingelassen und aller Hoffnungen beraubt. Und jenseits der durch wirtschaftliche und politische Krisen verursachten Leiden erfahren die Kinder in allen Teilen der Welt natürlich auch noch und zusätzlich die Gewalt aggressiver Eltern. Auf allen Kontinenten werden Kinder von ihren Eltern gestraft und gezüchtigt, lieblos und grob behandelt. Hinzu kommen noch religiöse Rituale wie die Beschneidung von Mädchen in Afrika, abstrus und abscheulich. Und in Indien werden nach wie vor Mädchen nach der Geburt getötet, weil sie den Familien als minderwertig gelten. Eltern verkaufen ihre Kinder an Menschenhändler und Sklaventreiber. Siebenjährige müssen in Minen und Steinbrüchen schuften. Der Katalog des Elends ließe sich seitenlang fortschreiben … Und viele Kinder haben es gleich mit mehreren Stiftern des Leidens zu tun, sie hungern, sie werden schlecht behandelt, sie leben im Krieg.

Überhaupt werden Kinder bei den Kämpfen der Erwachsenen immer mitgeschleift. Niemand sagt:

„Wir können keinen Krieg führen; schau, wieviele Kinder wir haben in unserem Land! Und sieh nur, wieviele Kinder im Lande des Gegners leben. Wo sollen wir denn hin mit all den Kindern? Nein, wir können keinen Krieg führen!"

Eine Kriegspartei mit solchen Gedanken wäre eine Friedenspartei. Undenkbar! Sollen sie doch fliehen, die Kinder, oder in Massen sterben. Hauptsache Terror und Zerstörung funktionieren, am besten jahrelang, wegen religiöser Meinungsverschiedenheiten oder irgendwelcher geostrategischer Kniffe, wegen künstlichem Haß oder lukrativer Rohstofflager. –

Natürlich – und das möchte ich gerade an dieser Stelle trotz und wegen aller Schreckensbilder betonen – erfahren zahlreiche Kinder überall auch durchweg Gutes, Respekt und Zuwendung, Freude und Vergnügen. Und das ergibt sich auch in unsicheren Gebieten, in schwierigen bis schlechten Zeiten. Doch brauchen die Glücklichen keine Stimme. Also frage ich, und ich frage mich selbst und alle anderen: Was nur kann getan werden, um das Leid zu bannen, um die Höllen auf ewig zu versiegeln? Ehrlich gesagt, ich bin oft völlig ratlos. Ich weiß, daß nur ein Wandel des Bewußtseins Grundlage für Verbesserung sein kann. Aber wie ist dieser Wandel zu bewirken? Mit welchen Mitteln und Methoden? Ein Weg ist gewiß, sich damit überhaupt zu beschäftigen, darüber nachzusinnen, zu sprechen, zu diskutieren, es zum *Thema* zu machen. Des Weiteren ist selbstverständlich die akute Hilfe, die von Organisationen und Vereinen, auch von engagierten Privatpersonen, in der ganzen Welt geleistet wird, ein wichtiges Instrument, um Leid zu reduzieren; aber die Frage muß doch sein: Wie können wir möglichst mittelfristig, wenigstens langfristig die Mitarbeiter von Hilfsorganisationen arbeitslos machen? Wäre es nicht ein erstrebenswertes Ziel, Helfer und Notversorger nur noch im Falle von Naturkatastrophen oder unbeherrschbaren Krankheitswellen einberufen zu müssen? Die Wahrscheinlichkeit, daß eine Kindheit auf diesem Planeten zum Martyrium wird, ist leider nicht ganz gering. Soll das für immer so sein? Ist der Wunsch, daran etwas zu ändern von vornherein ein müßiger, bloß weil ihm das Etikett der Utopie anhaftet? Die Völker der Welt sollten sich in ihre Verfassungen schreiben: „Wir wollen die Erde zu einem Paradies für Kinder machen." Wenn das gelänge, es würden auch die Erwachsenen im Paradies leben.

\* \* \*

Ein ganz praktischer Schritt, um Kindern künftig besser *gerecht* zu werden: Laßt Kinder wählen! Bislang läßt sich ja häufig mit Stimmzetteln nicht wirklich viel bewegen, aber vielleicht würde sich das ändern, wenn Kinder ab vier oder fünf an die Urnen gehen dürften. Dieser Vorschlag mag ein wenig hilflos erscheinen angesichts der gewaltigen Probleme in der Welt. Aber es wäre zumindest ein durchaus eindrücklicher Schritt, um den angemahnten Bewußtseinswandel anzustoßen und um auch den Kindern zu signalisieren: Ihr seid dabei, wir nehmen euch ernst, wir wollen es euch recht machen. Warum auch sollte die Stimme eines Kindes weniger wert sein als die eines Erwachsenen? Manche Kinder sind ja sogar verständiger und klarer im Urteil als ihre eigenen Eltern. –

Die konsequenteste Regelung bestünde vielleicht sogar darin, *ausschließlich* Kinder wählen zu lassen. Nicht bei jeder Wahl, bei jeder vierten würde schon genügen. Alle 16 Jahre treten die Erwachsenen zurück und überlassen allein den 4- bis 16-Jährigen die Hoheit, eine Regierung nebst Parlament zu bestimmen. Die Angehörigen jeder Generation könnten somit einmal als Kind direkten Einfluß auf die machtpolitische Struktur des Staatsapparates ausüben. Für diejenigen, die bei dem einen Wahltermin zu jung, beim nächsten schon zu alt sind, also die zum Zeitpunkt des entsprechenden Urnengangs Ein- bis Dreijährigen, müßte allerdings eine Kompensation geschaffen werden – zum Beispiel in Form einer Doppelstimme bei der folgenden Wahl oder eines Sonderwahlrechts, das trotz Altersüberschreitung bei der nächsten Kinderwahl gewährt wird. Auf diese Weise würde ein Staatswesen in regelmäßigen Abständen immer wieder ordentlich durcheinandergebracht. Alle 16 Jahre fände ein totaler Reset statt. Die politischen Karten würden komplett neu gemischt. Dies bliebe mit Sicherheit nicht ohne spürbare Auswirkung auf die davor und danach von den Erwachsenen beauftragten Machtinhaber. Man könnte sagen, daß es mit diesem Plan alle 16 Jahre zu einer Art kontrolliertem „regime change" im Land kommen würde. Denn bei einer reinen Kinderwahl müßte durchaus damit gerechnet werden, daß die Tierschutz-Partei den Bundeskanzler stellt. Auch hätte man vermutlich gewisse Erfolge einer *Piraten*partei in Kauf zu nehmen, die ob ihres Namens sicher für viele Kinder attraktiv erscheinen würde. Etablierte Erwachsenenparteien müßten für die Kinderwahl ganz neue Programme formulieren, vor allem auch kommunizieren. Neue Gruppierungen träten auf den Plan.

Für mich gibt es jedoch ein einziges Argument, das sich mit gutem Grund gegen ein wie auch immer organisiertes Wahlrecht für Kinder anführen ließe: Die ganze Wählerei paßt nicht zur Kindheit; eine Wahlbeteiligung würde Kinder schon auch ein Stück weit aus der Kindheit reißen, sie von ihrem Kindsein distanzieren. Kinder müßten dann ja zwangsläufig mit Politik konfrontiert werden, wenn auch auf eine kindgerechte Weise, aber schön wäre das eigentlich nicht.

„Kinder an die Macht!" – Wozu? Wenn die Erwachsenen ihre Hausaufgaben machen, sollte es dafür doch gar keinen

Grund geben. „Kinder an die Macht!" ist ebenso widersinnig wie „Keine Macht den Kindern!"

Die Forderung nach einem Wahlrecht für Kinder resultiert daher vielleicht auch bloß aus der ernüchternden Einsicht in das totale Unvermögen der Erwachsenen, angemessene und lebenswerte Verhältnisse für Kinder und alle Menschen in unseren Häusern und Staatengebilden zu schaffen. „Laßt Kinder wählen!" ist vielleicht die um Konstruktivität bemühte Übersetzung des Satzes: Ich weiß auch keine Lösung, aber es muß etwas getan werden.

Dennoch lohnt es sich, über die Möglichkeiten relevanter Partizipation von Kindern im gesellschaftlichen Leben weiter nachzudenken. Wenn schon erwachsene und gut ausgebildete Frauen offensichtlich Quoten brauchen, um sich gebührend zu positionieren, was brauchen dann wohl Kinder? – Da wo es um Entscheidungen von einer gewissen öffentlichen Tragweite geht, könnte ein Kinderrat befragt und miteinbezogen werden. Auch in Unternehmen könnten Richtungsentscheidungen oder interne Optimierungen durch ein Kindergremium bewertet werden. Bei Fragen, die Kinder ganz unmittelbar angehen, würden lokale Kindervertretungen ein Stimmrecht besitzen. Aber auch hier der Einwand: Kinder sollten so lange wie möglich Kinder sein. Sie sollten vornehmlich spielen und fröhlich sein, sich sicher und angenommen fühlen. Man müßte vielleicht einmal herausfinden, ob und in welcher Weise Kinder gerne an bestimmten Entscheidungen beteiligt sein möchten. Am Ende könnten den Kindern verschiedene Partizipationsmöglichkeiten immerhin angeboten werden.

Andererseits sollten wir unseren Kindern vielleicht erhebendere Illusionen vermitteln als ausgerechnet die Illusionen, die heutzutage mit parteipolitischen Wahlen verknüpft sind. – Gleich nach dem Verfassen des Abschnitts über die Beteiligung von Kindern im alltäglichen Gemeinwesen überlege ich, eben diesen Abschnitt wieder zu streichen. Es ist eigentlich dummes

Zeug. Aber es ist wohl der existenziellen und tief berührenden Thematik geschuldet, wenn ich mich da ein wenig verrannt und verstiegen habe. Und wie bereits angedeutet: Solche Ideen entspringen sicher auch einer gewissen Ratlosigkeit. Und ich muß zugeben, daß mich die Beschäftigung mit den hier beschriebenen Angelegenheiten immer wieder ratlos macht. Das, was es da auszutrocknen, zu verändern, in Teilen zu beseitigen gilt, ist einfach derart monströs und umfangreich (vom bürgerlichen Kinderzimmer bis zum internationalen Kriegsschauplatz), daß ich mich demgegenüber häufig ganz leer und gelähmt fühle. Es ist auch gar nicht erkennbar, woher diese ewigen Schrecken rühren, wo ihre fatalen Ursprünge zu finden sind. Und auch nicht das *Warum* ist zu ermitteln. Was treibt den Menschen ständig an auf dieser Via Dolorosa, die kein Ende finden will? In diese empfundene Leere platzen dann eben ab und zu auch kuriose Ideen hinein. Nein, den Kindern die Kindheit! Erwachsene sollten die Kinder wohl befragen und vor allem auf ihre Antworten achten, sich ansonsten aber selbständig mit der Errichtung und dem Erhalt einer dem Guten zustrebenden Gesellschaft beschäftigen.

Die besagten Passagen will ich aber nun doch stehen lassen, um einerseits die Pfade der Suche im Dickicht des Denkbaren anzuzeigen und andererseits, um Lesern damit vielleicht ein Ideen-Trampolin zu bieten, das am Ende die Überlegungen in ganz neue und bisher unbekannte Etagen katapultiert.

\*\*\*

Das Erste, das Meiste und im Grunde auch das Wichtigste, was wir aber *alle* ohne Verzug tun und leisten können, das ist ein respektvoller und fairer Umgang mit unseren Kindern. Mehr braucht es ja gar nicht, um das Elend aus den Kindheiten dauerhaft zu vertreiben. – Doch so viele, so schrecklich viele Eltern und Bezugspersonen lehnen genau dies ab. Vehement lehnen sie dieses schlichte, an sich natürliche und mithin völlig selbstverständliche Ansinnen mit jeder Ohrfeige, mit jeder Beschimpfung, mit jeder Strafe ab. In Deutschland geben 75 % der Eltern an, ihre Kinder ab und an „leicht zu züchtigen". Das sind drei von vier Eltern. Das ist die satte Mehrheit. Viele dieser Mehrheits-Eltern reden sich gerne heraus, indem sie die berühmt-berüchtigte „ausgerutschte Hand" als entschuldigendes Lamento vortragen, das zudem noch als anerkennenswerter Beleg von Überforderung verstanden werden soll.

Da kann man eigentlich bloß zum wiederholten Mal die „Chef-Frage" stellen: Ist Ihnen am Arbeitsplatz gegenüber ihrem Vorgesetzten auch schon mal die „Hand ausgerutscht"? Falls ja, geschah dies, weil Sie sich „hoffnungslos überfordert" fühlten? Die Antworten kann sich ein jeder denken, sie liegen sozusagen auf der (mitnichten ausgerutschten) Hand. Sicher, ein paar Leute wird es schon geben, die ihrem Chef oder einer sonstigen Respektsperson aus welchen Gründen auch immer mal eine gelangt haben, aber das dürften gewiß kaum mehr als 0,005 % sein, niemals aber 75 %. Die meisten werden nicht einmal von einem Menschen gehört haben, der seinem Chef wegen Überforderung eine Ohrfeige oder Schläge auf den Po gegeben hat, geschweige denn einen kennen. Und das, obwohl es ja viele, viele Menschen gibt, die eine Überforderung am Arbeitsplatz beklagen. Aber deswegen dem Abteilungsleiter, dem Direktor eine knallen? Nein, ganz im Gegenteil; da wird um jeden Preis die Contenance gewahrt, wenn das Pensum erhöht oder ein nicht erfüllter Plan getadelt wird. Die Prügel gehen immer nach unten, niemals nach oben. Je schwächer das Gegenüber, desto lockerer sitzt die Hand. – Für Kinder ein fatales Gefälle. Der Schlag ins Gesicht, der unter Erwachsenen als Körperverletzung gilt, im leichteren Fall immer noch als tätliche Beleidigung, gehört in den meisten Elternhäusern zu den üblichen und akzeptierten „Erziehungsmitteln". Dabei ist den meisten Eltern vermutlich nicht einmal klar, was sie mit solcherlei „Umgangsformen" anrichten. Für ein Kind, das weder den großen Blick auf das Weltganze werfen kann noch die Fähigkeit zur Relativierung oder Einordnung besitzt, ist jede Ohrfeige und jedes Angebrüll eine Katastrophe.

Somit ist der Großteil der Eltern faktisch kriminell. Fänden sämtliche von Eltern begangenen kriminellen Handlungen Eingang in die Kriminalstatistik, sie würde explodieren. Und könnten alle kriminellen Eltern polizeilich ermittelt werden, so wären wir mit einem Schlag (!) ein halbes Volk von Tätern.

Dabei sollte nicht vergessen werden: Zahlreiche Eltern sind sogar Schwerverbrecher, deren Taten jedoch oft und meistens ungeahndet bleiben, weil sie in der Verborgenheit des häuslichen Raumes passieren. Solange es nicht gelingt, Eltern von ihren Terrortaten abzuhalten, ihnen beizubringen, Erziehung ohne Kriminalität, ohne Gewalt und Angriff zu gestalten, solange müssen wir überlegen, wie wir die Kinder vor ihren Peinigern bewahren können. Die Besetzung der Jugendämter müßte wohl verzehnfacht werden. Immer wieder müßten Amtspersonen in die Familien gehen, um nach dem Rechten zu sehen, um die Kinder zu befragen. Dabei dürften aber nicht nur die offenkundigen „Problemfamilien" adressiert werden, sondern alle. Und ich fordere und schreibe dies als jemand, der im Grunde staatliche Kontrolle sehr kritisch sieht, in einigen Bereichen sogar völlig ablehnt; aber in den hier verhandelten Angelegenheiten haben wir – so denke ich – keine Wahl. Wir sind verpflichtet, die Kinder zu behüten und zu verteidigen. Es muß für den Staat eine Selbstverständlichkeit sein, Kindern jeden nur erdenklichen Schutz zukommen zu lassen. Hier darf ein Staat seine Hoheit zur Anwendung bringen, auch wenn er damit bürgerliche Rechte tangiert. Solange dermaßen viele Eltern nicht zur Besinnung kommen, sind Kontroll- und Zwangsmaßnahmen wohl unerläßlich. Das ist schade, das ist auch traurig, ändern aber können dies alleine die Eltern, um die es hier geht. Hält aber die Renitenz jener Eltern an, braucht es ein „robustes Mandat", um sie im Zaum zu halten, in die Schranken zu weisen, um die Kinder vor ihnen zu schützen. Die Kinder können sich in den allermeisten Fällen ja nicht selbst helfen. Sie sind angewiesen auf die Unterstützung befugter Erwachsener. Ohne Hilfe und Leitung von Erwachsenen, die sich kümmern und eingreifen, können Kinder keinen Schutzraum erreichen. Vielleicht sollte es zudem *Kinderhäuser* geben, die von Kindern zu jeder Zeit *selbständig* aufgesucht werden können, wie Frauenhäuser. In jedem Stadtviertel, in jedem Dorf sollte eine solche Zuflucht sein, in der die Kinder bleiben können, solange sie wollen und von wo aus sie gegen ihren Willen nicht an ihre Eltern ausgeliefert werden. Wir brauchen Fliehburgen statt Hüpfburgen.

Selbst Eltern, denen ihre „ausgerutschten Hände" ein schlechtes Gewissen bereiten, vertreten oft die Ansicht, daß Erziehung ein „Schlachtfeld" sei, auf dem die (imaginierten bzw. unterstellten) Machtansprüche der Kinder stets aufs Neue niedergerungen werden müßten. Andernfalls würden einem die Kinder „auf der Nase herumtanzen". Und *diese* Eltern möchten durchaus gerne ihren täglichen Kampf ohne Ohrfeigen und Geschrei gewinnen. Sie beschaffen sich daher allerhand Bücher, sogenannte *Erziehungsratgeber*, in denen sie mannigfache Handlungsanweisungen finden, wie Kinder wirksam, aber ohne (vordergründige) Gewalt, dominiert und unterworfen werden können. Manche dieser Erziehungsfibeln lesen sich in der Tat wie Anleitungen zur Unterdrückung; dort werden Psycho-Tricks, Listigkeiten und Schlichen aufgezeigt, Winkelzüge und Manöver referiert, Täuschungen und Tücken empfohlen. Erziehung wird da wie ein asymmetrischer Krieg behandelt, bei dem die Eltern Guerillakämpfer sind, die mit findiger Taktik den Tyrannen in ein permanentes Rückzugsgefecht zwingen müssen. Der Tyrann ist das Kind. – Eingangs erwähnte ich bereits, daß es Erziehungsschriften gibt, bei denen die Kinder schon im Titel als „Tyrannen" verunglimpft werden. Und weil selbst Babys in den einschlägigen Veröffentlichungen der Tyrannenstatus angehängt wird, werden dort monströse Zermürbungstaktiken schon für die Allerkleinsten propagiert. Populärstes Beispiel: „Wenn ihr Kind nachts schreit, dann lassen Sie es einfach schreien". Gewiß, ein hilfloses Bündel, geplagt von Angst oder Hunger und Durst, sollte man am besten im Dunkeln sich selbst überlassen, so lange, bis der totale Streß den kleinen Körper dermaßen erschöpft hat, daß er ohnmachtsgleich die Gnade des Schlafes empfängt.

Schon an diesem Beispiel wird schnell klar, daß einige dieser Erziehungsratgeber keineswegs einen gewaltfreien Umgang mit Kindern bewerben; es wird lediglich auf Ohrfeigen und Prügel verzichtet. Die Gewalt wird den ratsuchenden Eltern vielmehr in sublimierter Form als *Methode* oder *Strategie* verkauft. Und bei manchen scheint es anzukommen. Wie oft schon habe ich in der Nachbarschaft Kinder lange weinen oder schreien gehört. Ab einem gewissen Zeitpunkt wächst meine Bestürzung dann mit jeder weiteren Minute. Schließlich wird aus der Bestürzung Sorge und ich überlege, ob es nicht ratsam wäre, die Polizei zu verständigen. Einmal habe ich das auch getan. Im Haus nebenan weinte ein dem Klange nach recht kleines Kind ganz jämmerlich. Es war spät, ich saß am Schreibtisch, konnte mich aber fortan kaum mehr auf meine Beschäftigung einlassen. Manchmal wurde das Geschrei leiser, mal erstarb es ganz, nur um kurz darauf wieder laut und vernehmlich anzuheben. Mein Fenster, es war Sommer, stand offen, das Fenster des benachbarten Kinderzimmers offenbar auch. Nach einer halben Stunde wurde ich unruhig. Wo ist die Mutter, wo der Vater? Ist überhaupt jemand in der Nähe dieses Kindes? Läßt man es schreien aus Ignoranz oder weil man es nicht mitbekommt? Immer wieder kehrte für Minuten Ruhe ein, so daß ich mich jedesmal dazu angehalten fühlte, nun berechtigter Hoffnung zu sein, daß das geplagte Geschöpf jetzt erlöst sei. Auf diese Weise verging aber eine lange Zeit. Nach einer Stunde dachte ich zum ersten Mal daran, die Polizei auf das nicht enden wollende Notgeschrei jenes Kindes aufmerksam zu machen. Doch jede Weinpause brachte mich eben wieder ab von diesem Ansinnen, da ich vermutete, nun könnte es ja gut sein. Nachdem aber schließlich mehr als zwei Stunden verstrichen waren und überhaupt keine nachhaltige Änderung zu bemerken war, griff ich zum Telephon und bestellte die Polizei. Nach dem Besuch der Beamten herrschte Stille auf der nächtlichen Straße.

Ich habe natürlich nichts über die Ursache des trostlosen Geschreis erfahren, aber ich würde in ähnlichen Fällen stets wieder so handeln. Es muß ja nicht immer ein böser Wille der Eltern vorliegen, es könnte ja auch sein, daß die Betreuungsperson verletzt, krank oder betrunken auf dem Boden liegt.

Aber ich bin noch nicht ganz fertig mit gewissen „Erziehungsratgebern": Sehr nachdrücklich werden in diesen Handreichungen auch stets die *Grenzen* beschworen, durch die Eltern sich zu schützen hätten vor dem Ansturm der kindlichen Tyrannen. Es werden Hinweise für erfolgreiche Grenzziehungen gegeben, ebenso Vorschläge für Sanktionen im Falle von Grenzverletzungen durch die Kinder usw. Nötig ist das alles meistens nicht. Denn es sind ja ganz überwiegend die Erwachsenen, die untereinander oder gegenüber Kindern Grenzen überschreiten. Es sind Erwachsene, die Grenzlinien nicht respektieren und sich oft ohne mit der Wimper zu zucken über Recht und Anstand hinwegsetzen. Kinder brauchen das Gegenteil von Grenzen, sie brauchen offene Sicht und freies Feld. Das heißt nicht, daß sie alles dürfen. Erwachsene dürfen ja auch nicht alles. Niemand darf alles. Aber ich kritisiere die durchaus gängige Auffassung, daß *besonders* Kinder mit markanten Grenzen konfrontiert werden sollten. Wenn jemand Grenzen *braucht*, dann sind es die Erwachsenen.

Grenzen mögen bei Kindern immer da zu ziehen sein, wo es um Sicherheit und um Fragen der Höflichkeit geht. Aber auch in diesen Zusammenhängen ist *Grenze* eigentlich die falsche Begrifflichkeit. Hier braucht es Anleitung, Erklärung und Beispiel, keine Grenzen.

Dasselbe gilt für die *Regeln*, die gleichsam umtriebig durch die Ratgeberliteratur geistern. Da leider auch schlechtes Beispiel erzieht, brechen Kinder eigentlich nur Regeln, die zuvor von den Eltern oder anderen *vorbildlichen* Erwachsenen gebrochen wurden. Das kann auch in modifizierter Form geschehen, aber führt man die Dinge zurück, wird man leicht feststellen: Vor jedem Regelbruch durch ein Kind steht ein Regelbruch durch die Eltern oder einen anderen Erwachsenen. Denn irgendwo müssen die Kinder es ja herhaben. Daß es Regeln gibt, muß ein Kind erfahren; daß man Regeln brechen kann, muß ihm aber auch erst einmal vorgeführt werden. Kinder ahmen nach. So gut wie alles.

Kinder ahmen somit selbstverständlich auch die *Konsequenz* nach, die ihre Eltern bei verschiedensten Gelegenheiten an den Tag legen. Und da muß man keineswegs immer mit der strikten und unerschütterlichen Konsequenz, die ja auch vielfach in den Erziehungsfibeln und -bibeln angemahnt wird, am besten fahren. Im Gegenteil: Wer sich gegenüber seinen Kindern bis hin zur letzten Konsequenz entschlossen verhält, muß damit rechnen, daß dieses Beispiel bei nächster Gelegenheit Früchte trägt, die nicht nur süß sein müssen. Eine mit größter Konsequenz ausgelebte Wut des Kindes, ein konsequent umgesetzter Streich, eine Verweigerung, die bis zur letzten Konsequenz aufrechterhalten wird, all das würde den Eltern sicher nicht viel Freude machen. Insofern ist oftmals eine dialogisch-verhandelnde Haltung für beide Seiten nützlicher und erbaulicher als *prinzipielle* Konsequenz, die ja in Wirklichkeit oft auch als bloße Machtprobe bzw. Machtdemonstration daherkommt. Ärgerlich auch hier: Mit Konsequenz soll vor allem Kindern begegnet werden. Unter Erwachsenen hat Konsequenz längst nicht diesen Stellenwert. Erst recht sind die allermeisten Erwachsenen sich selbst gegenüber in der Regel wenig konsequent, oft nur dann, wenn es einigermaßen leichtfällt. Man kann das beim Umgang mit Lastern beobachten (Rauchen, Alkohol), aber auch mit Geldausgaben, Sport, Diäten, Liebschaften und dergleichen mehr. Was aber die Erwachsenen nicht zu leisten bereit sind, das fordern sie ganz frech von ihren Kindern ein. Da wird dem flehenden Kind mit eiserner Konsequenz der geliebte Schnuller entzogen, während man sich die zwölfte Zigarette des Tages ansteckt, obwohl man doch längst mit dem Rauchen aufhören wollte (und das sogar schon mehrfach vor Zeugen proklamiert hat).

Wir sehen: Es sind die Eltern, denen die Leviten gelesen werden müssen. Wir Eltern müssen uns selbst den Spiegel vorhalten oder vorhalten lassen, sollten wir selbst es nicht tun oder tun wollen. Und wir brauchen keine Ratgeber, die uns dazu bringen sollen, unsere Kinder nicht zu verwöhnen. Das verwöhnte Kind – ein Schreckgespenst, das von Autoren, Pädagogen und Eltern immer wieder als Ausweis völligen Erziehungsversagens aufgerufen wird. Doch genau das sollten wir tun: Unsere Kinder verwöhnen. Und zwar so sehr es eben möglich ist. Sie sind schließlich immer ungefragt und meistens auf unseren Wunsch hin hier in dieses Leben geworfen worden. Daraus resultiert geradezu die Pflicht, sie zu verwöhnen. Wer verwöhnt wird, der fühlt sich willkommen. Werden wir Erwachsene denn nicht auch gerne verwöhnt? Was soll das überhaupt heißen, *verwöhnen*? Man *kann* ja letztlich gar nicht dem negativen Sinne, der diesem Wort oft untergeschoben wird, entsprechen. Wie sollte das gehen? Wenn man jemandem etwas Gutes tut, ihm eine Freude macht, eine Erleichterung verschafft, eine Unterstützung gewährt, dann ist das, wenn es mit Aufrichtigkeit getan wird, immer etwas durchweg Positives. Aber wie oft hört man: „Man darf die Kinder auf keinen Fall verwöhnen!" Oder: „Ich habe ihn zu sehr verwöhnt." – „Du bist aber ganz schön verwöhnt!" usw. „Seine Gäste verwöhnen", das ist eine Bemühung, die unter Erwachsenen im Allgemeinen ungeteilten Zuspruch findet. Für Kinder gilt das weniger. Hier wird sogar davon abgeraten. Sind Kinder nicht einmal Gäste? Sollten denn nicht die Kinder weitaus mehr als jeder Gast willkommen geheißen und also verwöhnt werden? Wer in der Lage ist zu schenken, der soll schenken; wer helfen kann, soll helfen; wer Trost zu spenden weiß, der möge dies tun; wer liebt, soll seine Liebe nicht dosieren.

In ganz anderen Zusammenhängen wurde hierzulande viel über *Willkommenskultur* diskutiert. Adressaten waren Fremde. Leider gilt dieser einladende Begriff aber kaum für unsere eigenen Kinder. Oder hat eine Menschengruppe Anlaß dazu, sich willkommen zu fühlen, wenn sie schon in den Titeln einschlägiger und weit verbreiteter Literatur immer wieder als *Tyrannen, Trotzköpfe* und *Nervensägen* angesprochen wird? – Dabei geht es um die Zukunft, um morgen und übermorgen. Wir sollten eine Willkommenskultur für unsere Kinder etablieren.

Stattdessen aber werden Kinder beleidigt und beschimpft, gegängelt und angegriffen. Warum eigentlich? Wozu soll das gut sein? Was nehmen sich viele Eltern da bloß raus? Mit welchem Recht?

Und das ganze Elend fängt ja schon beim Tonfall an, den Eltern gegenüber ihren Kindern alltäglich gebrauchen. Der übliche Unterton bei Frauen: halb beleidigt, halb entrüstet, genervt, leidend, bitter, kalt und eisig. Bei Männern ist in der Ansprache oft eine majestätisierende Überheblichkeit auszumachen, ein gelangweiltes Abwinken, ein Von-oben-herab, aber natürlich auch Barschheit, Unmut und Rüpelhaftigkeit. Der Kommando- und Kasernenhofton wird von beiden Geschlechtern gleichermaßen gut beherrscht. Die darauf folgenden Steigerungen: cholerisches Wutgebrüll bei Männern, bei Frauen hysterisches Gekeife.

Doch es geht auch um Nuancen, die durchaus ihre Wirkung entfalten. „Nein" – mit Sicherheit eines der von Eltern am häufigsten gebrauchten Worte (neben *nicht jetzt, später, morgen, mal sehen, vielleicht, aber nur wenn ...*). Hier ist der Tonfall wichtig, der das Nein zum Ohr des Kindes trägt. Den Nein-Tonfall können besonders Mütter in enormer Bandbreite variieren; mal klingt er belehrend, ärgerlich oder eingeschnappt, mal kommandierend, schroff, beherrschend, dann wiederum schnippisch, ermahnend, klagend und verdrießlich. Die Väter dagegen grummeln ihr Nein in der Regel, im Streitfall wird es gebellt. – Kinder müssen sich schon einiges anhören ...

Oft ist eine Gesprächskultur zwischen Erwachsenen und Kindern nur mäßig ausgebildet. Nach wie vor werden Kinder im Gespräch von den Erwachsenen nicht für voll genommen. Kinder werden deshalb von den Älteren häufig unterbrochen oder erst gar nicht zu einem Gespräch zugelassen. Ich selbst hörte eine Mutter zu ihrem Kind sagen: „Das paßt jetzt aber nicht dazu ...!" Dabei war das Kind bloß ein wenig vom Thema abgewichen und hatte einen neuen oder eben anderen Aspekt ins Visier genommen. Erwachsene springen dagegen gerne mal von der einen Geschichte zur nächsten. Die Gesprächsbeteiligung von Kindern muß von Erwachsenen scheinbar stets *merklich* gesteuert werden. Da werden Redezeiten erteilt, Themen vorgegeben oder ausgeschlossen, Beteiligungsversuche des Kindes schlicht übergangen, Beiträge als unmaßgeblich entwertet.

Ein weiteres Ungemach im elterlichen Sprachraum kommt auf drei Buchstaben daher: d – a – s. „Kannst Du *das* Kind bitte von der Schule abholen?", fragt die Mutter. „**Das** Kind." Das Haus, das Auto, *das* Kind. Das eigene Kind wird versachlicht, es wird zum Allgemeinplatz. Ich gehe noch weiter und stelle fest: Durch die *neutrale* Benennung wird ein Kind sogar *vernebensächlicht*. Namenlosigkeit spricht jedenfalls nicht unbedingt für eine besonders herausgehobene Stellung. *Das* verkündet Distanz.

Schließlich hat man seinem Kind doch aber einen Namen gegeben, der auch nicht ausgespart werden sollte, wenn man *über* es spricht. Besonders bei Planungen und Tätigkeitsberichten werden Kinder aber gerne zur Sache erklärt: „Ich muß heute noch einkaufen, beim Arzt anrufen und *das* Kind muß noch in die Wanne ...“ Oder: „Wie soll ich das schaffen? Jemand muß sich ja um *das* Kind kümmern ...“ – *Das* Kind. Das *was?* Das *wer?* Hat *das* Kind keinen Namen?

Besser, weil persönlicher wäre schon *mein* Kind, *unser* Kind, wenn man im Augenblick nicht den Namen seines Sohnes oder seiner Tochter verwenden will. Wer seinen Vater oder seine Mutter nicht beim Vornamen nennt, sagt meistens ja auch nicht: *der* Vater, *die* Mutter, sondern eher: *mein* Vater, *meine* Mutter. Warum nicht: „*Luise* muß noch in die Wanne“ oder: „... Jemand muß sich um *Alexander* kümmern.“ – Nun, diese verbale Zurücksetzung, die meiner eigenen Beobachtung zufolge häufig und achtlos praktiziert wird, bekommen die Kinder meistens gar nicht mit; die Haltung, die dahinter steht, vermutlich schon.

Überhaupt ist mir aufgefallen, daß zumindest in den öffentlich ausgetragenen Eltern-Kind-Konflikten mehrheitlich Mütter die Geduld verlieren, zornig und laut werden. Ursache für diesen Eindruck könnte möglicherweise sein: Es sind einfach mehr Mütter als Väter mit ihren Kindern im öffentlichen Raum unterwegs. War bei meinen vom Zufall gelenkten En-passant-Studien allerdings ein Vater dabei, so blieb dieser in beinahe 90 Prozent der Fälle eher ruhig. Sollte diese Beobachtung auf eine reale Tendenz hinweisen, so kann eine Erklärung dafür wohl nur von Verhaltensforschern, Psychologen und Soziologen erwartet werden. Sicher sind die Aggressionsmuster bei Männern und Frauen jeweils unterschiedlich gestrickt. Vielleicht neigen Männer einfach dazu, sich ihre verbalen und physischen Attacken eher in der zeugenfreien Zone der eigenen vier Wände zu erlauben, während es Frauen ganz egal ist, wo sie durchdrehen. Ich kann da nur spekulieren. Erst jüngst hörte ich auf einer Promenade, wie eine Mutter ihren kleinen Sohn erzürnt mit den Worten maßregelte: „Hast du gerade an dem Satz eben was nicht verstanden?!" Kurz zuvor hatte sie ihm irgendeine Anweisung gegeben. Ein kurzer fragender Einwand des Jungen löste dann umgehend jenes rüde Angebell aus. Wenig später erwischte ich dann allerdings einen Vater, der mit seinem Sohn in der Spielzeug-Abteilung eines Kaufhauses durch die Regalgänge zog. Ich konnte nicht verstehen, worum es ging, aber der Junge versuchte seinem Vater wohl hinsichtlich eines Wunsches (es war in der Weihnachtszeit) etwas zu erklären. Der Vater fauchte den Jungen prompt und ohne auf die ruhig vorgetragenen Argumente einzugehen an: „Mit dir diskutiere ich nicht!" Das bemerkenswerte dabei: Er sagte nicht: *Darüber* diskutiere ich nicht, sondern: *Mit dir* diskutiere ich nicht. Ein *darüber* hätte ich mir auch nicht unbedingt gemerkt, obgleich der Tonfall des Vaters schon einigermaßen ungehörig war. Aber dieses *mit dir* blieb mir dann doch im Gedächtnis haften als ein weiteres Beispiel für die systematische Zurücksetzung und Abwertung von Kindern durch ihre Eltern.

* * *

Auch eine Last für Kinder: die ewige Rechthaberei der Eltern, ihre notorische Besserwisserei, das Bescheidwissertum. Da wird den Kindern alles Mögliche verkauft, völlig falsche Angaben werden mit größter Überzeugung wie Expertenwissen vorgetragen, „Alternativlosigkeiten" mit unbeirrbarer Selbstgewißheit verkündet. Fast mitleidig und immer ein wenig angestrengt treten sie auf als Welterklärer vor der nächsten Generation, die Väter und Mütter auf ihren hohen Rössern. Kaum einer traut sich, sein Nichtwissen mit seinen Kindern ehrlich zu teilen, seine Ahnungslosigkeit zuzugeben. Denn im

Grunde weiß niemand irgendetwas. Nicht einmal Wissenschaftler und Philosophen. Wir können bloß vermuten und annehmen, für möglich und wahrscheinlich halten, herumstochern. Die letzten Gewißheiten fehlen uns doch auf den meisten Gebieten. Und dennoch ist überall „Wahrheit".

So möchte ich denn (ganz unbescheiden) dem Elterntum mehr Bescheidenheit anempfehlen. Dem Werdegang der Kinder kann das nur guttun. Mit Hochmut den Kindern zu begegnen, das ist ebenso ungerecht wie schädlich und am Ende auch lächerlich.

Eine bescheidenere Grundhaltung wäre zudem ein erster und wirklicher Garant für gutes Benehmen. Wer sich selbst nicht zu wichtig, auch nicht zu ernst nimmt, der wird kaum seine Kinder anpöbeln, sich gewiß nicht in abstruser Verstiegenheit über sie erheben. Bescheidenheit und Maß würden auch den Eltern selbst zuträglich sein und ihr eigenes Miteinander günstig beeinflussen.

Kinder werden oft behandelt wie Idioten, dabei sind manche Kinder ihren Eltern in vielen Dingen weit voraus, zuweilen deutlich überlegen, selbst wenn sie erst 4 oder 5 Jahre alt sind. Manchmal hat man den Eindruck, in einem Kind steckt eine uralte, weise Seele, während die Eltern sich daneben aufführen wie junges Gemüse. Bescheidenheit könnte hier auf ganz natürliche Weise zu mehr Ehrfurcht vor dem *Geist* des Kindes führen.

Bescheidenheit würde weiterhin manche Eltern möglicherweise von den üblichen Übertreibungen abhalten. Zum Beispiel bezeichnen sie Kinder gerne als *unvernünftig*. Dabei habe ich eigentlich immer nur Erwachsene als unvernünftig erlebt: Sie rauchen, trinken, betreiben riskante Sportarten, plappern ungeprüfte Meinungen nach, rasen mit Autos und Motorrädern herum usw. usf. Ich beobachte: Oft wirken Kinder, nicht selten auch die Allerkleinsten, viel verständiger, besonnener und reflektierter als ihre Eltern, meistens auch gesitteter. Eltern erscheinen da neben ihren Kindern oft verstockt, uneinsichtig und ahnungslos.

Bescheidener auftretende Eltern würden ihre Kinder vielleicht auch nicht mit Unsinnsregeln wie „Was man anfängt, muß man auch zu Ende bringen" traktieren. Ein Klassiker ist dieses Sprüchlein, das gerne und oft von Eltern mit Vehemenz deklamiert wird, während sie selbst in Scheidung leben oder einen Urlaub abbrechen, weil neben dem Hotel eine Baustelle eröffnet hat. – Disziplin? Da mögen die Eltern erst einmal bei sich selber anfangen.

Eine weitere Fährnis kindlicher Entfaltung: Eltern müssen gegenüber ihren Kindern immer „zusammenhalten". Daß sich ein Elternteil bei einem Streit oder einer Diskussion auf die Seite des Kindes schlägt und sich gegen den anderen Elternteil stellt, gilt als schweres Vergehen. Das Kind soll immer zwei Stimmen gegen sich haben, immer zwei starke Erwachsene, die sich verbünden gegen das ohnehin unterlegene Kind. Das nennen sie Konsequenz. Oft erpressen sich die Elternteile dabei gegenseitig, um die Loyalität des anderen zu erzwingen. „Du fällst mir in den Rücken!", heißt es dann. „Wir müssen mit einer Stimme sprechen!" Was die Mutter verbietet, darf der Vater nicht erlauben – und umgekehrt.

Es soll ein Bollwerk gegen das Kind errichtet werden, das unbezwingbar ist.

Ich bin nicht sicher, ob ich Folgendes überhaupt erwähnen muß. Nur um Mißverständnissen vorzubeugen, werde ich es tun: Eltern dürfen sich über ihre Kinder ärgern. Ganz gewiß dürfen sie das. Und zwar ebenso wie sie sich auch über Erwachsene ärgern dürfen. Das Verhalten eines Menschen kann einen anderen Menschen, aus welchen Gründen auch immer, verärgern. Das Alter spielt dabei grundsätzlich keine Rolle. Niemand muß alles gut finden, was ein Kind sagt oder macht, bloß weil es ein Kind ist. Ehrloses Verhalten muß ab einer bestimmten Reife und einer gewissen Stufe der Verständigkeit benannt und gerügt werden. Aber: Unbotmäßiges Vorgehen von Kindern (auch Altersgenossen gegenüber) ist fast immer durch das Benehmen der Eltern inspiriert. Ein Kind, das jemanden beleidigt oder ungerecht einem anderen gegenüber verfährt, muß ebenso in die Schranken gewiesen werden, als hätte es ein Erwachsener getan. Da ist gar kein Unterschied zu machen. Eltern können selbstverständlich Meinungsverschiedenheiten mit ihren Kindern haben. Eltern und Kinder können miteinander hadern. Auch unter Erwachsenen gibt es Differenzen, ebenso unter Kindern. Alle dürfen miteinander diskutieren, auch erhitzt, leidenschaftlich. Doch dabei sollte niemand aufgrund seines Alters diskriminiert werden; sprich: Die Jüngeren schlechter zu behandeln, weil sie jünger sind (und damit auch mental und körperlich schwächer), ist nicht in Ordnung. Und: Gegenseitige Achtung muß auch im Disput den Rang der obersten Prämisse stets erkennbar innehaben. Auch der Begriff der *Ritterlichkeit* taugt hier als Maßgabe für die Austragung von Zwist und Händel. Kurzum: Auch im Konfliktfall bietet sich Eltern die Gelegenheit, den Kindern ein gutes und lehrreiches Vorbild zu sein.

\* \* \*

Das, was allgemein mit „Erziehung" bezeichnet wird, das ist ein weites Feld, auf dem jahrelang nur gesät wird, von ganz unterschiedlichen Bestellern, mit vielfältigem Saatgut, zur rechten Zeit und zur unpassenden Zeit. Da wird gepflügt, wo längst schon Trieb und Keim dem fernen Sonnenrund entgegenstreben; mit Furchen, kreuz und quer gezogen, wird manche Grenze gesetzt und manche verletzt; es werden gute Geister wie Krähen verscheucht und Schädlinge eingeladen. Mancher Sproß darf gedeihen, mancher bloß wachsen, und andere Keime verkümmern, weil sie zu lange dürsten mußten oder vom Lichte abgeschirmt zu einem Schattendasein verurteilt waren. So entsteht im Laufe der Kinderjahre ein Lebensacker, der hier gartengleich erscheint, dort wüst oder eintönig, an anderer Stelle wieder fruchtbar und verheißend. Die Ernteschlacht aber müssen am Ende die Kinder, wenn sie erwachsen geworden sind, ganz alleine schlagen – und zwar für den Rest ihres Lebens.

In der Erziehung können wir mithin viel falsch machen und Vieles richtig. Was genau falsch war, was richtig, das erfahren wir in manchen Fällen erst mit einiger Verspätung – oder niemals. Wir machen Vieles aus Versehen gut – und vieles Schlechte betreiben wir in bester Absicht oder aus purer Gedankenlosigkeit. Die Zeit der Erziehung ist eine Zeit, in der alles wirkt, in der sich alles, was wir unseren Kindern gegenüber tun oder lassen, *auswirkt*. Wer sich mit Erziehung beschäftigt, kann viel bedenken und viel diskutieren. Aber es gibt keine Rezepte und goldenen Regeln, die für alle Eltern, für alle Kinder Gültigkeit haben könnten, außer: *Respekt, Respekt, Respekt.*

Deshalb ist dieses Büchlein ja – wie eingangs erwähnt – auch kein Erziehungsratgeber. Es sollen keine Erziehungsmethoden aufgelistet, miteinander verglichen und bewertet werden. Es geht im Grunde hier schlicht um Umgangsformen. Und wenn die Umgangsformen gut und *respektabel* sind, dann kann in der Erziehung längst nicht mehr alles falsch laufen. – Insofern interessiert mich auch die ewige Diskussion um *autoritäre* oder *antiautoritäre Erziehung* nicht im Geringsten. Selbstverständlich ist ein *autoritärer* Erziehungsstil immer Ausweis eines persönlichen Versagens der Eltern. Damit ist allerdings nichts gegen *Autorität* gesagt. Über eine Autorität sollten Vater und Mutter durchaus verfügen. Aber diese Autorität muß erworben werben und kann nur durch einen vernünftigen und menschlichen Umgang ihre permanente Bestätigung erfahren. Das setzt auch voraus, nicht mit zweierlei Maß zu messen. Ich muß mich einfach immer fragen: Würde ich einen Erwachsenen, einen Freund, einen Verwandten, Kollegen oder einen Fremden auf der Straße ebenso behandeln, wie ich im Moment mein Kind behandele? – Wer sein Kind anbrüllt oder schlägt, büßt damit augenblicklich seine Autorität ein.

Besonders in diesen Zeiten sollten wir versuchen, unseren Kindern eine gute und stabile, eine schützende und gerechte, eine gesunde und vornehme Autorität anzubieten. Denn wir haben hochgerüstete Konkurrenz. Als Autorität wollen auch andere Kräfte von den Kindern anerkannt werden: Konzerne, Medien, Marken. Aber auch Organisationen und Interessengruppen. Als Inhaber erheblicher Kaufkraft wurden Kinder längst ausgemacht und werden seither intensiv beworben, verführt und manipuliert, teilweise auch betrogen. Selbst und gerade der Einfluß der Kinder auf das Kaufverhalten und die Kaufentscheidungen ihrer Eltern wird bei diesen Manipulationsversuchen stets einkalkuliert und ganz direkt ausgenutzt. Schon den Jüngsten werden Bedürfnisse suggeriert und Wünsche eingeflüstert, die in ihrer Masse und teilweise Größe natürlich kaum zu befriedigen und aus vielerlei Gründen nicht erfüllbar sind. So wird auf diese Weise steter Unfrieden gesät, immer neue Quellen des Unmuts und der Enttäuschung werden eröffnet, Eltern zu vielfachen Neins und Ablehnungen von Wünschen getrieben. Wem es gelingt, seine Kinder immun zu machen gegen diese ständigen Aufforderungen zum Konsumismus, der ist glücklich und hat dadurch auch vielleicht ziemlich zufriedene Kinder. Wem das nicht gelingt, der muß fast täglich die Litanei der Versagung gegenüber seinen Kindern herunterbeten.

Viele Eltern erlegen sich selbst im Konsum jedoch wesentlich geringere Einschränkungen auf als ihren Kindern. Eltern können ja auch jederzeit selbst entscheiden, ob sie sich etwas „gönnen" oder leisten oder eben nicht – und das tun sie auch. Den Kindern bleibt nur übrig, zu wünschen, zu betteln, zu flehen; sie sind auf die Großzügigkeit und das Wohlwollen, auch auf das Verständnis und die Einsicht der Erwachsenen angewiesen. Ein Erwachsener kauft sich einfach irgendeinen Blödsinn, der ihm gerade ganz gut gefällt; ein Kind wird in den allermeisten Fällen über die vorgebliche Nutzlosigkeit und damit Überflüssigkeit eines begehrten Konsumguts aufgeklärt und hat Verzicht zu üben, während sich im Einkaufswagen die anstandslos erfüllten Erwachsenenwünsche stapeln. – Was wäre nun, wenn diese offensichtliche Konsummacht der Kinder, die von der Wirtschaft erkannt, benutzt und gefördert wird, auch eine politische wäre, eine ideelle sozusagen? Wenn es darum ginge, das seelische Wohlergehen der Kinder ebenso intensiv zu betreiben wie die Ausnutzung ihrer Wirtschaftskraft?

Kinder werden in der Gesellschaft wahrgenommen: als Kunden, als Käufer, als Beeinflusser von Kaufentscheidungen; sie werden auch als Schüler im Bildungssystem wahrgenommen, als Verursacher von Kosten, wenn sie in armen Familien leben. Sie werden wahrgenommen als heranwachsende Verbraucher, als zu bildende und in diese Gesellschaftsform zu integrierende Menschen, als Sozialfälle, auch als Opfer von Gewalt und Mißbrauch (allerdings viel zu wenig und mit zu geringen Konsequenzen) – aber sie werden gesamtgesellschaftlich kaum als Menschengruppe wahrgenommen, die es zu respektieren gilt, die schlicht hervorragend zu behandeln ist, der per se Geborgenheit und Behaglichkeit, Wärme und Verständnis zusteht, mehr noch als Erwachsenen letzten Endes. Die Realität ist aber, daß Kinder meistens von Erwachsenen schlechter behandelt werden als eben Erwachsene.

Viele Eltern, viele Erwachsene haben den Respekt vor Kindern verloren. Sie haben aber auch die *Ehrfurcht* vor der Kindheit verloren und sind damit Verursacher, zugleich auch Nachbeter einer gesellschaftlichen Attitüde, die Kindheit als reine Unfertigkeit versteht, deren Überwindung mit Ungeduld herbeizuwünschen ist. Die Kinder werden dabei als bloße Aspiranten auf die Vollmitgliedschaft in der großen Konsum- und Arbeitskolonne gesehen, die ganz ohne Ethos und Utopie einer selbstreferenziellen Wachstumsgesellschaft in ewiger Wiederholung den immer gleichen fruchtlosen Boden bereitet. So kann gar nicht früh genug damit begonnen werden, Kinder unter das grelle Dauerfeuer der Werbung für Produkte und erwünschtes gesellschaftliches Verhalten zu nehmen. Wer es am besten schafft, Kinder als Beeinflusser und Mitbestimmer des elterlichen Konsumismus zu instrumentalisieren, kann sich die größte Marktmacht sichern. Und wer es am besten schafft, die Kinder durch Blendung und Betäubung mit ausgeklügelten Psycho-Effekten, die in den alltäglichen medialen Sitzungen ihre Wirkung entfalten, in die Druckkammern der Erwachsenenwelt zu locken, der muß sich um die weitere Legitimation und Stärkung des eigenen Machtapparates keine Sorgen machen. So arbeiten Staaten und Konzerne Hand in Hand, um durch Manipulation und Kontrolle Hoheit zu gewinnen und zu sichern. Und dies ist eine Hoheit, die keinen Lebensbereich aussparen, keine persönliche Sphäre unberührt lassen wird; es ist eine Hoheit, die den Widerspruch nur noch formell und zum Schein duldet, eine Hoheit, die den lenkenden Gewalten das Recht zum Diktat erschleichen soll.

Und so werden die Kinder früh und so früh wie möglich ins Visier genommen, damit die Rechnung am Ende auch aufgeht. Die Schutzräume der Kindheit wurden längst sturmreif geschossen. Das Blendwerk der Mächte und Märkte kann somit kaum noch abgeschirmt werden und alle Flanken sind offen für den Einfall der Verführer. Und wieviele Eltern machen sich (mit Überzeugung) zu willfährigen Gehilfen jener Diebe der Kindheit, die sich über alles Lebenswerte und alle Lebens-Werte erheben, um aus *selbstbewußten* Menschen beherrschbare „Verbraucher" zu machen. Und mithin gibt es neben der medialen und staatlichen Propaganda noch ein weiteres immens wichtiges Werkzeug, das vor allem Eltern in die Hände gelegt wird, um Kinder in den Gleichschritt des Verbraucherheeres zu zwingen: der Drill durch Streß. –

Tagaus, tagein klingeln Millionen Wecker in aller Herrgottsfrühe; Kinder werden von Eltern, die müde und gleichsam gehetzt sind, aus dem Schlaf gerissen und in die Kindergärten und Schulen getrieben. Um Existenz und Arbeitsplatz, um Karriere und Verwirklichung ringend, geben die Eltern ihren Streß vom Anbeginn des Tages direkt und unmittelbar an den Nachwuchs weiter. Streß wird zum *Beispiel*, zur Normalität.

Die Paarbeziehung der Eltern ist dazu oft noch mit Streß belastet; auch Konkurrenz und Reibereien in den Kollegenkreisen fügen weitere Streßportionen hinzu. Alles ist schwierig, alles ist wichtig, alles muß schnell gehen. Zack, zack, in die Spur! Dann kommt der Bildungswahn. Höchstleistungen sofort und pausenlos. In der Schule sowieso, aber auch beim Ballett, beim Fußball und Klavierspiel. Mit Freunden herumziehen, herumlungern, Streiche aushecken, Baumhäuser bauen, dafür ist längst schon keine Zeit mehr. Den ganzen Nachmittag draußen sein und die Straßen unsicher machen, dafür sind die Straßen viel zu unsicher heute. Nein, Streß heißt die Parole! Es muß vorangehen, Chancen müssen erarbeitet und verwertet werden. Da braucht es Nachhilfe und Terminpläne, Chinesisch im Kindergarten, Schulen, die den ganzen Tag lang dauern. Ein Leben im Akkord. Und wofür das alles? Für ein Leben im Akkord natürlich.

\* \* \*

Manchmal verführe ich mich selbst und denke, es ist vielleicht alles gar nicht so schlimm … Doch dann lese ich eine Meldung über Dunkelziffern, einen Bericht über ein im Suff totgeschlagenes Kleinkind, sehe eine TV-Sequenz mit verängstigten Mißbrauchsopfern, ein Presse-Photo, das ein von Granatsplittern getroffenes Mädchen zeigt … erlebe einen Zwischenfall auf der Straße, ein Kind wird angeschrien, bis es weint – und stelle ernüchtert fest: Bruchteile bekomme ich mit, Miniaturen, Andeutungen, Hinweise … die Spitzen scharfkantiger Monstereisberge, die schwer, verschmutzt und grau im ewigen Strom der Tränen treiben ...

Also rufe ich mich zur Ordnung, verscheuche die Illusionen und muß mit bedrückter Brust zugeben: Es ist alles noch viel schlimmer, als du denkst. Von all dem Leid, dem permanenten Elend da draußen hast du bloß eine vage Vorstellung. Zum Glück nur vage – denn könnte man alles auf einmal und wahrhaftig ermessen, und gelänge einem dies auch nur für den Zeitraum von wenigen Sekunden, es wäre das augenblickliche Ende. Als beherzter Mensch müßte man auf der Stelle vergehen und zerbrechen. – Schon das Sporadische, das Geringe, was wir mitbekommen und wissen, das verdrängen wir, das müssen wir verdrängen, weil es ja sonst gar nicht gehen würde. Meister sind wir im Verdrängen, im Verdrängen von morgens bis abends. Aber bei dem einen oder andern schleift sie sich mit der Zeit ab, diese Meisterschaft; dann funktioniert das Verdrängen nicht mehr permanent. Dann wird nur noch verdrängt, so gut es geht – und nicht mehr meisterlich. Und wenn es dann wieder einmal überhaupt nicht funktionieren will, dann schaut man entsetzten Auges in einen fürchterlichen Abgrund, der in Wirklichkeit ein weit aufgerissenes Maul ist, das schreit und schreit und schreit ... – Und um nicht auf der Stelle verrückt zu werden, muß man sich selbst irgendwie davon wegziehen – und atmen und so tun, als wenn nichts gewesen wäre, so als hätte man geträumt. Schlecht geträumt. Ohne die Fähigkeit zur Verdrängung könnten wir nicht überleben. Aber weil wir dauernd verdrängen, können viele nicht überleben. Die Verdrängung hat ihren Preis. Wer zahlt ihn?

\* \* \*

Von überflüssiger Barschheit und groben Rügen, von Geschrei, Leistungsterror und Ungerechtigkeiten aller Art über Prügel und schweren Mißbrauch bis hin zu Ausbeutung und Kriegsverbrechen – was Eltern, was Erwachsene Kindern antun, das füllt ein Register mit schier unzählbaren Stichwörtern. Um dieses immense Verzeichnis der Not und des Leidens nach und nach, am Ende aber drastisch einzukürzen, braucht es einen Wandel des Bewußtseins, einen regelrechten Vertrag, den wir mit uns selbst abschließen, damit wir uns nicht mehr herausreden können, wenn es an Einsicht, Einkehr und Sensibilität mangelt. Mit harter Hand und unermüdlich müssen wir all die monströsen Schrecken und Verbrechen, denen Kinder ausgeliefert sind, bekämpfen. Aber wir dürfen dabei keinesfalls vergessen, stets auch uns selbst im Blick zu haben. Die scheinbar kleinen Dinge haben wir zu beachten; die anfänglich unspektakulär anmutenden Saaten der Mißachtung und Gemeinheit, die wir im Alltag gedankenlos um uns herum verstreuen, gilt es auszumachen, zu entkeimen, bevor aus ihnen stachelige Schlinggewächse sprießen, die unsere Kinder verwunden und behindern. Wir müssen verstehen, daß viele elterliche Verhaltensweisen, die gemeinhin als rechtens, als legal, normal, ja selbstverständlich angesehen werden, trotzdem schädlich und in hohem Maße verderblich für heranwachsende Seelen sein können.

Eltern müssen ein Unrechtsbewußtsein entwickeln. Daß dieses vielfach fehlt, erweist sich ja im öffentlichen Raum nur allzu häufig: Eltern malträtieren ihre Kinder vor Zeugen ohne jegliche Scham. In diesen Fällen muß man also davon ausgehen, daß die Eltern ihr Verhalten für angemessen und vertretbar halten. Genau hier sollte angesetzt werden. Der rüde Rüffel, die ruppige Rüge: Peinlichkeiten, Anlässe zur Scham. So hat man nicht mit seinem Kind zu reden. Schluß. Aus.

Nicht nur die Prügel-Eltern müssen angegangen werden, sondern auch schon die Eltern, die sich im Ton vergreifen. Denn Unheil und Unrecht beginnen früh. Und davon abgesehen: In welchen Verhältnissen wollen wir denn überhaupt leben? In einer derben Pöbel-Gesellschaft, in der die Menschen sich von ihren mißlichen Launen treiben lassen, sich nur noch anschnauzen und anblaffen? Es wird allenthalben viel von der wissenschaftlichen und technologischen Gestaltung/Bewältigung der Zukunft gesprochen. Wir brauchen uns aber über Energiefragen und urbane Lebensmodelle keine Gedanken machen, wenn wir im Zwischenmenschlichen dauerhaft und total versagen und unsere Kinder wie Hunde behandeln. Alles andere lohnt sich erst dann, wenn wir es schaffen, anständig und einigermaßen vernünftig miteinander umzugehen. – Wir machen uns Gedanken über Müll im Meer, aber keinesfalls über den Müll in unseren Seelen. Der kleine Himalaya-Staat Bhutan hat Glück als Staatsziel in seiner Verfassung festgeschrieben. Ein vorbildlicher Akt. Das sollten wir auch tun – und beim Glück unserer Kinder beginnen.

Eine kindgerechte Welt schaffen, überhaupt eine Welt *für* Kinder – das wäre gar ein vornehmes Menschheitsziel. Die Erwachsenen aller Völker sollten ihre Aufgabe darin sehen, aus dem Erdball einen Glücksraum für Kindheit zu machen. Und gelänge dies, der Weltfrieden wäre gesichert, zwangsläufig. Denn in einer Welt, die dem Kinderglück nachstrebt, würde sich jedweder Krieg verbieten. „Gute Kindheit statt Wirtschaftswachstum" – eine neue Doktrin, die wirklich und wahrhaftig die Welt verändern könnte. Die Wachstumsideologie hat ohnehin ausgedient, wir brauchen etwas Frisches. Die Welt als Märchenpark, als Abenteuerspielplatz, die Welt als gute Kinderstube. Und die Erwachsenen bewirtschaften und betreiben dies alles zum Wohle der Kinder – und damit auch unweigerlich zu ihrem eigenen Wohl. Auf diese Weise würde wieder Dankbarkeit zwischen den Generationen aufkommen: Aus purer Dankbarkeit für das aufwändige Engagement der Erwachsenen würden die selbst erwachsen gewordenen Kinder zum einen die alsdann alt gewordenen Erwachsenen mit Freuden unterstützen und zum anderen der folgenden Generation das am eigenen Leib erfahrene Glück wiederum vermachen wollen. Daß außerdem in einem solchen Klima Künste und

Wissenschaften aufblühen würden, davon bin ich einigermaßen überzeugt. Nun, das ist ohne Frage – und ich habe das an anderer Stelle bereits eingeräumt – ganz und gar utopisches Denken und Wünschen. Und doch könnte allein die Formulierung einer derartigen Vision der erste Schritt auf einem Weg sein, der lang, aber nicht endlos ist.

Weder utopisch noch fernliegend aber ist die Idee, daß jeder einzelne Mensch dazu beitragen kann, Leid zu verringern, daß jeder versuchen kann, so wenig Leid wie möglich zu erzeugen. Wie man behutsam stelzend über eine Wiese schreitet, um so wenig Tierchen und Pflanzen wie möglich zu verletzen, so kann man auch in allen Belangen des Lebens und des Alltags Vorsicht walten lassen, um die durch die eigene Existenz und die eigenen Interessen verursachten Beschädigungen nach Möglichkeit in Grenzen zu halten. Und wer mit einer solchen Position seinen Kindern begegnet, der wird von vornherein viel Ungemach verhindern.

Wir können nicht alle Schwierigkeiten, nicht alles Unbill von unseren Kindern fernhalten, aber wir können, ja wir müssen dafür sorgen, daß Schwierigkeiten und Unbill nicht von denen ausgehen, unter deren Schutz sie gestellt sind, von ihren Eltern, Anverwandten, ihren Lehrern und Betreuern.

Kinder bringen uns so unendlich viel Vertrauen entgegen, sie gewähren uns einen Vorschuß an Vertrauen, an Bewunderung, Zuneigung, der uns nur heilig dazu verpflichten kann, jeden Tag aufs Neue zu versuchen, uns diesem Vorschuß würdig zu erweisen, indem wir die Kinder nicht enttäuschen.

Besonders solange die Kinder klein sind, ist es unsere eherne Pflicht, ihnen durch die Gabe von Güte, Sicherheit und Wärme ein Fundament in die Seele zu bauen, auf dem sie später getrost das Haus ihrer Biographie errichten können, in dem zu leben es sich lohnen sollte.

Was kann man tun mit einem Text, einer Schrift wie der hier vorliegenden? Man kann damit nur versuchen, einen Klimawandel mit anzustoßen, zu einer „Menscherwärmung" (die aus mancherlei Gründen längst und dringend notwendig ist) beizutragen. Mehr nicht. Aber dieses Wenige ist in der Angelegenheit, um die es hier geht, schon viel. Jede Maßnahme, die auch nur ein einziges Herz auf der Welt um den Bruchteil eines Grades wärmer macht, ist eine gute Maßnahme und hat sich schon gelohnt. Jede Träne, die nicht fließen muß, ist ein Glücksfall.

Ein gedruckter Text[3] läßt sich jedoch auch noch ganz praktisch und handfest zur Anwendung bringen. Geht man hinaus, so trage man stets ein Exemplar dieses Traktats bei sich und drücke es Eltern, die gerade dabei sind, ihr Kind zu drangsalieren, einfach wortlos (oder mit freundlicher Empfehlung) in die Hand. Das würde akut vielleicht erst einmal die Situation aufgrund des Überraschungseffektes entspannen. Sollte später dann das Büchlein von diesen Eltern auch noch gelesen werden, könnte sein Inhalt ja unter Umständen als erste Anrührung dienen, in deren Folge sich eine Empfänglichkeit für Einsicht und Besinnung einstellt.

Vielleicht ist auch jede Weitergabe dieses Bandes an Eltern (besonders an junge Eltern) in den eigenen privaten Kreisen eine kleine (unter Umständen sogar präventive) Hilfsaktion für deren Kinder.

Eine neue Zeit, eine bessere Zeit kann nur in den Kinderzimmern beginnen, nirgendwo sonst.

\* \* \*

---

3  Bei der e-book-Variante allerdings kaum durchführbar ...

# Nachbemerkung

Während ich dieses Traktat verfaßte, habe ich vielleicht mehr als sonst darauf geachtet, wie häufig und auf welche Weise in den Medien Themen behandelt werden, die in erster Linie mit Kindern zu tun haben oder Kinder ganz unmittelbar angehen. Mir fiel dabei auf: Kinderthemen werden selten gesetzt, und wenn doch, geht es meistens um den üblichen Strauß der Standardthemen: Kinderbetreuungsplätze, Kindergeld/Elterngeld, Schule und Bildung, ADHS[4], vielleicht ab und zu noch Kinderarmut. Jugendliche kommen da schon etwas häufiger vor, aber meistens wird der Blick dabei auf die kriminellen Elemente unter ihnen geworfen, oder es geht auch hier um Bildung und berufliche Aussichten. Die großen, die entscheidenden, die geradezu monströsen Themen werden hingegen fast gar nicht angesprochen. Dabei wird der Stoff dafür durchaus geliefert; es gibt sie ja, die Meldungen und Publikationen[5], die uns die Ziffern des Schreckens verkünden, aus denen man das ganze Elend zahlloser Kinder in Deutschland und der Welt mit fürchterlicher Gewißheit herausahnen kann.

Die Zahlen mißhandelter, verletzter, getöteter Kinder sind unfaßbar – aber es ist alles noch viel schlimmer. Denn wir wissen schon beim Lesen dieser Statistiken: Das sind Zahlen, denen von vornherein der Makel einer durch Verdunkelung gestifteten Untertreibung anhaftet. Und wir wissen auch, daß millionenfacher Psychoterror überhaupt nicht vorkommt in den Aufstellungen, weil er kaum faßbar und erfaßbar ist. Wie

---

4  Psychische Erkrankungen bei Kindern werden (sofern nicht erblich bedingt) überwiegend durch das Verhalten der Eltern ausgelöst, die ihren Kindern dann Pillen geben.

5  Ein erschütterndes Dokument des Terrors und der Unmenschlichkeit: Michael Tsokos, Saskia Guddat: *Deutschland misshandelt seine Kinder*. München: Droemer, 2014, ISBN 978-3-426-27616-7.

wir mit Kindern umgehen, wie wir *unsere* Kinder behandeln, das ist offenbar der Rede nicht wert im öffentlichen und veröffentlichten Diskurs. Da werden uns von Ärzten schier unglaubliche Fallzahlen vorgelegt, illustriert zudem mit Beispielen von Mißhandlungen, die man gar nicht für möglich halten kann, so viehisch und entmenschlicht sind sie. Dann wird dazu noch konstatiert, daß es sich dabei nicht um exorbitante Einzelfälle, sondern vielmehr um die Regel unter deutschen Dächern handelt. Und was geschieht medial? Hier ein knapper Bericht dazu, an anderer Stelle ein paar Zeilen, im Fernsehen 5 Minuten im Regionalprogramm. Zur gleichen Zeit aber finden erhitzte und erregte Debatten um Steuer-Ehrlichkeit und Steuer-*Moral* statt, angekündigt und eingeleitet mit größtem Alarmismus. Ein „ernstes Problem" gäbe es da in Deutschland: „fehlende Steuergerechtigkeit!" Runde um Runde wird darüber debattiert, zum Teil auf zwei Sendern gleichzeitig. Danach dann die Beamtenbesoldung und Rentenpunkte. – Es gibt keine öffentlichen Fürsprecher für Kinder, nicht mal in den Medien. Alles und nichts wird mit Eifer rauf- und runter verhandelt, tagaus, tagein; die Sache der Kinder scheint dagegen ein Anti-Thema zu sein, eine Nichtigkeit.

Werden schon nicht die strafbewehrten Verbrechen, die an Kindern begangen werden, die Grausamkeiten körperlicher Mißhandlungen, die Abscheulichkeiten sexuellen Mißbrauchs prominent und relevant in der Öffentlichkeit behandelt, so kommt eine Debatte über die gewöhnliche Art und Weise, wie Eltern mit ihren Kindern umgehen, erst recht nicht in Gang.

Nirgends geht es um die Angriffe auf Kinder, die vom Gesetz her noch legal sind und von Eltern als rechtens eingestuft, als „normal", ja selbstverständlich betrachtet werden.

Aus diesem Alltagsterror ist kein Thema zu machen? Wir müssen über die Exzesse elterlicher Gewalt sprechen, über die Prügelorgien, aber wir sollten auch über die alltäglichen Unfreundlichkeiten und Taktlosigkeiten, die sich Eltern aller Schichten gegenüber ihren Kindern leisten, eine Debatte führen. Vielleicht kann das vorliegende Bändchen ja in dieser Hinsicht ein Anstoß sein, eine Zündung.

Bedeutend ist dieses Thema auch, weil es um Konsequenzen geht: Die Behandlung der Kinder prägt immer die folgende Generation und ist damit ursächlich verantwortlich für die Gestalt der Welt, für das Antlitz der Zukunft. So gilt es, immer auch an die Enkel zu denken: Denen tut man auch schon einen Gefallen, wenn man seine eigenen Kinder gut und freundlich behandelt. Denn die Kinder von heute, sie sind die Eltern von morgen.

# Hastiger Nachwurf

In dem Moment, als ich das Nachwort beendet hatte, überraschte mich eine Meldung aus Großbritannien: In einem Artikel der Online-Ausgabe des *Telegraph* (*The Telegraph*, 30.3.2014) lese ich, daß die britische Regierung plant, Eltern, die ihre Kinder nicht lieben und nicht gut behandeln, ins Gefängnis zu werfen. Potztausend! Ich bin froh erschrocken darüber und ganz durchgerüttelt. Wenn das stimmt und auch wahr würde, dann wäre das ein gewaltiger Fortschritt hinsichtlich aller Angelegenheiten, die ich hier in meinem Text behandelt habe – zumindest in Großbritannien. Es ist mir ein Bedürfnis, zu zitieren:

„Eltern, die ihren Kinder Liebe und Zuwendung entziehen, müssen mit Strafverfolgung durch das sogenannte ‚Cinderella-Gesetz‘ rechnen. Nach der Änderung der Gesetze zum Kindeswohl wird neben körperlicher Mißhandlung oder sexuellem Mißbrauch nun auch erstmalig ‚emotionale Grausamkeit‘ als Straftat anerkannt.“*

---

* „Parents who starve their children of love and affection face prosecution under a ‚Cinderella Law. Changes to the child neglect laws will make ‚emotional cruelty a crime for the first time, alongside physical or sexual abuse.“

„Seelische Grausamkeit" wird zu einem Straftatbestand, neben körperlicher Mißhandlung und sexuellem Mißbrauch. Ein Sieg für die Kinder auf der britischen Insel! Was für ein Vorgang – und welch ein Ausweis menschlicher Lernfähigkeit. Hoffnung kann sich also doch lohnen. Die Königin von England verkündete 2014 in ihrer traditionellen Ansprache vor dem Parlament dieses neue Gesetz. Welch ein Geschenk der Vernunft, das sich hier ein Teil der Menschheit selbst auf den Gabentisch seiner Gesellschaft legt! Welch ein Beispiel für den Rest der Welt! – Und dabei geht es ja erst in zweiter Linie um die Sanktion an sich, um die Strafe, mit der fehlgeleitete und *mißratene* Eltern zu rechnen haben, wenn sie ihre Kinder lieblos und unwürdig behandeln. Nein, das Entscheidende, das Große und Hoffnungsfrohe dabei ist die Haltung, aus der ein solches Gesetz erwächst, die seinen Wortlaut formuliert, es in die Gesellschaft gibt, es für nötig befindet. Das ist eine wirkliche und wahrhaftige zivilisatorische Leistung, wie sie seit vielen Dekaden in Europa nicht mehr vollbracht wurde. Erkenntnis und Handeln, Einsicht und Tat. Das ist ein Signal an die Elternschaft, das nicht übergangen werden kann. Hier positioniert sich das Gemeinwesen. Es positioniert sich, indem es sich offensiv mit den Kindern verbündet, sich zu ihrem Sachwalter macht und seine Autorität dafür verwendet, Eltern für ihre Erziehungsmethoden in eine reale Haftung zu nehmen.

Ich zitiere weiter:

> „Eltern, die wegen einer solchen Tat verurteilt werden, müssen mit bis zu 10 Jahren Freiheitsstrafe rechnen – der Höchststrafe für Delikte wie Kindesmißhandlung und -vernachlässigung."[*]

Sie meinen es also ernst, die Briten.

Für mich der entscheidende (An-)Satz:

---

[*] „Parents found guilty under the law change could face up to 10 years in prison, the maximum term in child neglect cases."

„Laut der neuen Gesetzgebung ist es eine Straftat, wissentlich dazu beizutragen, daß die körperliche, intellektuelle, emotionale, soziale oder verhaltensbezogene Entwicklung des Kindes geschädigt wird."*

Sie benennen ganz genau, worum es geht:

„Dazu gehört, die emotionale Entwicklung eines Kindes zu schädigen, indem man es über längere Zeit absichtlich ignoriert oder mit Liebesentzug bestraft. Weitere neue Straftatbestände sind das erzwungene Beisein eines Kindes bei Vorfällen häuslicher Gewalt sowie permanente Anschuldigungen oder entwürdigende Bestrafungen."**

Ein Sprecher des Justiz-Ministeriums:

„Die Regierung ist der Ansicht, daß der Schutz von Kindern fundamental ist. Kindesverwahrlosung sei ein abscheuliches Vergehen, das bestraft werden muß."***

Das ist revolutionär.

Und sie erkennen die unfaßbaren Opferzahlen und ziehen Konsequenzen aus ihnen:

„Schätzungen zufolge leiden 1,5 Millionen britische Kinder unter Vernachlässigung. Die rechtlichen Änderungen ermöglichen es der Polizei nun, eher einzugreifen und ein Strafverfahren zu eröffnen, bevor Kinder mißhandelt oder sexuell mißbraucht werden."****

---

\* „The new offence would make it a crime to do anything that deliberately harmed a child's ‚physical intellectual, emotional, social or behavioural development."

\*\* „This could include deliberately ignoring a child, or not showing them any love, over prolonged periods, damaging a child's emotional development. Other new offences could include forcing a child to witness domestic violence, making a child a scape goat or forcing degrading punishments upon them."

\*\*\* „The Government believes protecting children from harm is fundamental and that child cruelty is an abhorrent crime which should be punished."

\*\*\*\*„As many as 1.5 million British children are believed to suffer from

Das sollte Deutschland 1:1 übernehmen. Am besten ganz Europa. Ein Fanal von der Insel. Dort werden (hoffentlich) viele Eltern ins Grübeln kommen. – Und viele Tränen müssen vielleicht nicht mehr vergossen werden, an manche Herzen wird kein neues Blei gehängt. Sie nennen es also das „Cinderella-Law". Möge es seinen Schutz entfalten für die Kinder und den Eltern eine fortwährende Mahnung sein.

Literaturangabe zu Traugott Pilf (1866–1940): *„Die körperliche Züchtigung der Schulkinder", Gesundheit und Erziehung 1908 – Zeitschrift für Schulgesundheitspflege. Band 21*

---

neglect. The legal changes will allow police to intervene earlier and build a criminal case before children are physically or sexually abused."

# Über den Autor

Hans M. Hansmann, geb. 1966 in Kassel, Absolvent der Hochschule für bildende Künste Kassel (HbK), Vater zweier Kinder, lebt in Leipzig. Verfasser von „Das Eichenbund-Buch" (Saarbrücken, 2011).

## Alt und Jung

Als wir durch das Dorf fuhren,
Durch den schönen Lindenblütenduft,
Standen die lieben beiden Eltern vor der Thür,
Hielten zwei Muskathyacinthen in den Händen,
Die haben sie uns beiden Jungen gegeben
Und haben gelächelt.

*Johannes Schlaf (1862–1941)*